Het pad van de vruchtbare ziel

Randine Lewis

HET PAD VAN DE VRUCHTBARE ZIEL

*Tien eeuwenoude Chinese geheimen
om gebruik te maken van de
scheppingskracht van de vrouw*

Altamira-Becht · Haarlem

Dit boek is opgedragen aan mijn ouders,
Diane Ellison en Brooks Anderson,
die me geleerd hebben wat onvoorwaardelijke liefde is

© 2007 Randine Lewis
Oorspronkelijke titel: *The way of the fertile soul*
Oorspronkelijke uitgever: Atria Books,
a division of Simon & Schuster, Inc., New York

Voor het Nederlandse taalgebied:
© 2008 Uitgeverij Altamira-Becht BV, Postbus 317, 2000 AH Haarlem
(e-mail: post@gottmer.nl)
Uitgeverij Altamira-Becht BV maakt deel uit
van de Gottmer Uitgevers Groep BV

Vertaling: Marijke Koekoek
De vertaling van het citaat uit *The Prophet* van Kahlil Gibran is van Carolus
Verhulst en komt uit *De Profeet* (uitgeverij Synthese, Den Haag, 2003).
Omslag: Studio Marlies Visser
Vormgeving binnenwerk: Rian Visser Grafisch Ontwerp
Druk en afwerking: Giethoorn Ten Brink, Meppel

ISBN 978 90 6963 827 0
NUR 720

www.altamira-becht.nl
www.diepmagazine.nl

Behoudens de in of krachtens de Auteurswet van 1912 gestelde uitzonderingen mag niets uit deze uitgave worden verveelvoudigd, opgeslagen in een geautomatiseerd gegevensbestand, of openbaar gemaakt, in enige vorm of op enige wijze, hetzij elektronisch, mechanisch, door fotokopieën, opnamen of een andere manier, zonder voorafgaande schriftelijke toestemming van de uitgever. Voor zover het maken van reprografische verveelvoudigingen uit deze uitgave is toegestaan op grond van artikel 16 h Auteurswet 1912 dient men de daarvoor wettelijk verschuldigde vergoedingen te voldoen aan de Stichting Reprorecht (Postbus 3060, 2130 KB Hoofddorp, www.reprorecht.nl). Voor het overnemen van gedeelte(n) uit deze uitgave in bloemlezingen, readers en andere compilatiewerken (artikel 16 Auteurswet 1912) kan men zich wenden tot de Stichting PRO (Stichting Publicatie- en Reproductierechten Organisatie, Postbus 3060, 2130 KB Hoofddorp, www.cedar.nl/pro).

Inhoud

Woorden van dank *7*
Woord vooraf *8*
Inleiding *9*

DEEL I
Drie bronnen van wijsheid:
de tao, de traditionele Chinese geneeskunde en jij *19*

Hoofdstuk 1
Met behulp van eeuwenoude wijsheid je welzijn vergroten: een beknopte inleiding tot de tao en de traditionele Chinese geneeskunde *21*

Hoofdstuk 2
Ontdek de onevenwichtigheden en geblokkeerde energie op je pad naar scheppende vrijheid *31*

DEEL II
Tien eeuwenoude Chinese geheimen om stress te verlichten, meer energie te krijgen en je bestemming te bereiken *53*

Geheim 1
Breng je lichamelijke, emotionele en spirituele energie in evenwicht *55*

Geheim 2
Sta jezelf toe te zijn wie je bent *71*

Geheim 3
Ontdek en wees blij met je innerlijke weidsheid 89

Geheim 4
Sta het leven toe via jou te leven 105

Geheim 5
Laat weerstand los 119

Geheim 6
Leef vanuit vreugde in plaats vanuit angst 133

Geheim 7
Maak gebruik van je emoties om je leven nieuwe kracht te geven 149

Geheim 8
Leef 'verticaal' in plaats van 'horizontaal' 161

Geheim 9
Herwin je kracht door nieuwe patronen te vormen 179

Geheim 10
Breng je zichtbare handelingen in overeenstemming met je innerlijke blauwdruk 191

Hoofdstuk 3
In evenwicht blijven: gemakkelijke alledaagse methoden om creatief op je best te blijven 215

Woorden van dank

Mijn eindeloze dankbaarheid gaat uit naar de Mysterieuze Moeder, die ik nooit zal begrijpen maar altijd zal vereren. Wanneer ik te vol raak van mezelf, trekt ze me terug in de schoot van haar woeste werkelijkheid en helpt ze me naar mijn waarheid terug te keren, die haar waarheid is. Ik dank haar voor de vele moeilijke en wonderbaarlijke gelegenheden die ze me heeft geboden om te groeien, waardoor ik me aan haar wijsheid heb kunnen overgeven. Ze heeft vele vormen aangenomen: mijn eigen moeder en grootmoeders en de vrouwen met een moederhart die veel voor de wereld betekenen. Mijn bijzondere dank geldt mijn agent Carol Susan Roth en mijn uitgever Cynthia Black, die geloofden in de boodschap die ik wil overbrengen. Ik wil ook graag de geweldige medewerkers van Fertile Soul en de artsen van de Fertile Soul-klinieken mijn erkentelijkheid betuigen – zij leveren een bijdrage aan de oplossing van de huidige gezondheidscrisis. Graag bedank ik ook degenen die de moed hebben gehad om hulp te vragen en degenen die hebben ontdekt dat ware heling van binnenuit moet komen, door het leven te schenken aan je ware zelf. Ik hoop dat jullie geheeld blijven worden terwijl jullie je in de onpeilbare diepte van de bron van de Mysterieuze Moeder onderdompelen. Kom, drink, je hoeft nooit meer dorst te hebben.

Woord vooraf

Het idee om dit boek te schrijven ontstond vanuit mijn wens om het begrip vrouwelijke vruchtbaarheid te verruimen. Toen ik mijn patiënten vertelde dat ik van plan was *Het pad van de vruchtbare ziel* te schrijven, verzochten ze me dringend de lezers deelgenoot te maken van wat zij over het ware wezen van de Chinese geneeskunde en meditatie hadden geleerd.

Ik help vrouwen zwanger te worden. Maar meer nog help ik hen het leven te schenken aan het diepste in zichzelf, of ze nu proberen een kind te krijgen of op bepaalde levensgebieden op zoek zijn naar vrijheid – ongeacht hun leeftijd. Dit boek is bedoeld om de kloof te overbruggen tussen de volle betekenis van vruchtbaarheid en de beperkte definitie ervan die meestal wordt gehanteerd. *Het pad van de vruchtbare ziel* wil je laten zien hoe je in talloze vormen leven kunt scheppen. Of je nu wel of niet een kind probeert te krijgen, dit proces kan je helpen je open te stellen voor de vruchtbaarheid in je eigen kern. Zij die proberen een baby te krijgen, zullen merken dat het hen openstelt voor de leven schenkende krachten van het universum.

In de huidige tijd, nu vrouwen zichzelf eens te meer herdefiniëren, zijn we zwanger van mogelijkheden, klaar om het leven te schenken aan onze eigen bevrijding. Vruchtbaarheid is leven.

Inleiding

Het leven leiden dat je je wenst

想   HOOP

Je hebt werkelijk het innerlijke potentieel om een volkomen bevredigende, vreugdevolle en pure levensstijl te visualiseren, ontwerpen en scheppen.
— Rainer Maria Rilke

Toen ik meer dan twintig jaar geleden onderzoek begon te doen naar een succesvolle behandeling van onvruchtbaarheid, wendde ik me tot oude bronnen van oosterse wijsheid: de tao en de traditionele Chinese geneeskunde. Deze systemen hebben al duizenden jaren mensen over de hele wereld geholpen innerlijk evenwicht te scheppen en in harmonie met hun omgeving te leven. Ik heb de adviezen ervan naar het heden vertaald, voor vrouwen in de eenentwintigste eeuw. Hierbij heb ik tien geheimen ontsluierd, die de basis vormen van een door mij ontwikkeld programma dat vrouwen die voorheen niet zwanger konden worden in staat stelt in verwachting te raken en gezonde baby's te krijgen.

Eerst onderwees ik mijn methode uitsluitend om vrouwen te

helpen zwanger te worden, en mijn programma resulteerde daadwerkelijk in een verbazingwekkende toename van het aantal zwangerschappen bij de deelneemsters. Ik merkte echter ook dat het nog een ander resultaat had: het hielp vrouwen verder te komen en op alle levensgebieden meer vitaliteit en tevredenheid te voelen. Het had uitwerkingen op hun werk, hun leven thuis en hun zelfgevoel. Toen hun felle strijd om een kind te krijgen minder hevig werd, merkten de vrouwen dat ze beter in staat waren een kalm maar toch stimulerend gelukkig leven te leiden. Bovendien konden ze hun dierbaarste dromen gemakkelijker verwezenlijken. Dingen loslaten in plaats van er weerstand aan te bieden bleek het pad naar sereniteit te zijn.

Hoe kan het dat mijn programma niet alleen conceptie mogelijk maakt, maar ook stress vermindert en vitaliteit vergroot? Dat kan omdat onvruchtbaarheid, gebrek aan vitaliteit en stress samenhangen. Alle drie zijn het symptomen van een leven dat uit balans is. Onze voortplantingsenergieën vormen het middelpunt van ons wezen en kunnen als ze geblokkeerd raken niet volledig tot uitdrukking komen. Maar wanneer de stress en de geblokkeerde energie, de lichamelijke onevenwichtigheden en de disfunctionele orgaanreacties die er het gevolg van zijn worden losgelaten, zijn vrouwen niet alleen beter in staat zwanger te worden, maar raken ze ook meer ontspannen, ontvankelijker en blijer, open voor nieuwe ideeën, nieuwe projecten en een nieuw leven.

Ik heb het steeds weer gezien. Rebecca, een psychotherapeute die aan vier van mijn vruchtbaarheidsretraites heeft meegedaan, beschreef als volgt hoe de oude geheimen haar hielpen op te houden met haar pogingen haar doel af te dwingen en in plaats daarvan naar haar ware aard te gaan leven.

Het is net zoiets als je sleutels kwijtraken. Je kijkt overal – soms kijk je een paar keer op dezelfde plaats – maar je sleutels blijven weg. Pas wanneer je ophoudt met zoeken, duiken ze plotseling op, voor je neus, en je verbaast je erover dat ze er de hele tijd hebben gelegen. Je zou toch zweren dat je daar hebt gekeken! Ik heb drie jaar naar mijn sleutels (tot een gelukkiger leven) gezocht. Ik heb elke zaklantaarn, stroboscooplamp en graafmachine gebruikt die ik kon vinden. Ik wilde niet ophouden met zoeken, omdat ik het gevoel van controle niet wilde opgeven. De controle loslaten is de moeilijkste stap van dit programma, maar het is wel de stap met de grootste beloning. Wanneer je namelijk ophoudt met je pogingen het resultaat te beïnvloeden, komt alles wat je zoekt vanzelf naar je toe. Je sleutels worden gevonden. Ze hebben er de hele tijd gelegen.

 ## Mijn eigen pad naar evenwicht

Ik ontdekte de tien geheimen waardoor vrouwen hun stress kunnen verminderen en van de scheppingskracht van het universum gebruik kunnen maken toen ik probeerde mezelf aan de buitenwereld te bewijzen. Ik kreeg als twintiger een obsessie voor mijn gewicht, mijn uiterlijk en mijn prestaties. Ik ging verslavingskenmerken vertonen en werd me steeds meer bewust van de innerlijke leegte die ik wanhopig probeerde te vullen met uiterlijke activiteiten, waaronder de worsteling om een kind te krijgen. Hoewel ik tamelijk gemakkelijk zwanger was geraakt van mijn eerste dochter, wilde het de tweede keer niet zo lukken. Ik was pas afgestudeerd als arts, met een arts getrouwd, en vastbesloten nog een kind te krijgen. De ene maand na de andere ging voorbij zonder dat mijn wens in vervulling ging en het werd steeds meer een obsessie voor me om nog een keer zwanger te raken.

Ik begon ook een aantal verontrustende hormonale problemen te krijgen. Mijn menstruatie werd onregelmatig en bleef soms helemaal weg, mijn haar begon uit te vallen en ik had last van nachtzweten en gewrichtspijn. Een bezoek aan mijn gynaecoloog bracht aan het licht dat mijn oestrogeen- en progesteronspiegels heel laag waren en dat ik daardoor niet zwanger werd. Mijn arts raadde me een geneesmiddel aan dat Clomid heet (clomifeencitraat) om mijn eierstokken aan te zetten meer eitjes te produceren.

Hoewel ik wanhopig genoeg was om zo ongeveer elke medische

behandeling om zwanger te worden te ondergaan, besloot ik geen Clomid te slikken. Ik geloofde dat ik een probleem had met mijn hele hormoonsysteem, niet met de eiproductie, en dat konden hormonen niet verhelpen. (Ik wist het toen niet, maar hormonen werken via negatieve feedback; dat betekent dat wanneer je hormonen van buitenaf toedient, ze de hormoonproductie van je lichaam stilleggen.) Ed, mijn echtgenoot, herinnerde me ook aan de vele medische problemen die het gevolg kunnen zijn van hormoonbehandelingen.

Diep vanbinnen wist ik wel dat een kind niet op bestelling komt. Dus besloot ik mezelf te genezen, een beslissing die het begin van het einde van mijn worsteling was. Op de een of andere manier wist ik dat ik uitsluitend van binnenuit werkelijk zou helen. Ik las alles wat ik kon vinden over conceptie en voortplanting. Ik veranderde mijn levensstijl en nam er een evenwichtiger dieet en meditatieve lichaamsbeweging in op. Uiteindelijk hield ik op met roken, met alcohol, koffie en frisdrank drinken en met zuivelproducten, suiker en dierlijke producten eten. Ik dronk elke dag kweekgrasthee en slikte een aantal voedingssupplementen. Met andere woorden, ik zorgde beter voor mezelf.

Toen las ik een boek waarin werd beschreven hoe acupunctuur kan helpen om onvruchtbaarheid te behandelen. Dus raadpleegde ik drie verschillende acupuncturisten, die me op drie verschillende manieren behandelden. Ik begon ook Chinese vruchtbaarheidstonica te slikken, die verschrikkelijk vies roken en smaakten. Ik probeerde alles wat ik tegenkwam. Maar al ging ik naar steeds meer behandelingen op zoek, zwanger werd ik niet.

Wel verbeterde mijn gezondheid enorm. Mijn haar viel niet meer uit, het nachtzweten werd minder en mijn energie nam aanmerkelijk toe. Ik voelde me sterker en gezonder, waardoor ik me nog prettiger ging voelen bij mijn nieuwe manier van leven. Al gauw genoot ik weer van het leven – en werd zwanger. Ik was opgetogen – en verslaafd aan de gezondheidsverbeterende werkingen van de oosterse geneeskunde.

Om er meer over te weten te komen ging ik 's avonds Chinese

geneeskunde studeren; deze vierjarige studie voltooide ik in de helft van de tijd die ervoor stond. Vervolgens verhuisde ik, om mijn kennis te kunnen toepassen, met mijn gezin naar Dalian, China, om in een ziekenhuis te gaan werken dat patiënten uitsluitend met traditionele Chinese geneeskunde behandelde. Na mijn terugkomst stichtte ik een kliniek in Houston, Texas, en begon ik vrouwen met voortplantingsstoornissen te behandelen. Ik promoveerde ook in de alternatieve geneeskunde; mijn proefschrift ging over vruchtbaarheidsbevordering met behulp van Chinese geneeskunde.

Tijdens mijn verblijf in China had ik voor het eerst de oude Chinese teksten over de tao en de traditionele Chinese geneeskunde bestudeerd. Ik las hoe het taoïsme, een van de oudste levenswijzen, die vaak 'de Weg' wordt genoemd, innerlijke harmonie bevordert door energiebronnen in evenwicht te brengen. En ik deed onderzoek naar de 5000 jaar oude principes van de traditionele Chinese geneeskunde, die met een holistische opvatting van de natuur naar het lichaam kijkt. Tijdens mijn werk in het ziekenhuis in Dalian – en ook later, toen ik naar de Verenigde Staten was teruggekeerd – zag ik zelf hoe krachtig de resultaten waren wanneer ik deze concepten en principes toepaste, en ik begon ze in combinatie met westerse geneeskunde te gebruiken.

Maar mijn eigen worstelingen met de voortplanting waren nog niet voorbij. Een paar jaar nadat onze tweede dochter was geboren, besloten Ed en ik ons gezin opnieuw uit te breiden. Toen werd ik zwanger, maar na tien weken kreeg ik een miskraam. Ik was ontroostbaar, voelde me verdoofd en helemaal van slag, zowel lichamelijk als geestelijk.

Maar ik bleef goed voor mijn gezondheid zorgen: voor mijn lichaam, geest en ziel. En al na een paar maanden ontdekte ik dat ik weer zwanger was.

Maar dit was geen gemakkelijke zwangerschap. Aan het begin daalden mijn hormoonspiegels en ik, en iedereen in mijn omgeving, dacht dat ik ook deze baby zou verliezen. Maar in plaats van tegen de mogelijke ramp te strijden en me ertegen te verzetten, deed ik wat ik dankzij mijn studie van de tao had geleerd: ik gaf me over. De mogelijkheid dat ik nog een baby zou verliezen veranderde mijn kijk op het leven diepgaand en bracht me ertoe de afloop niet te beïnvloeden.

Dat betekent niet dat vanaf dat moment alles gladjes verliep: er traden tot aan het einde complicaties op. Maar omdat ik de afloop losliet, kon ik gedurende die lange en moeilijke tijd een diepe sereniteit voelen, een innerlijke vrede die zich naar elk deel van het leven uitbreidde. Ik ben ook nóg beter gaan begrijpen hoe belangrijk het is dat vrouwen verantwoordelijkheid nemen voor hun gezondheid, dat ze hun lichaam voeden en er goed voor zorgen, en dat ze zich ontspannen, wat ze in hun dagelijks leven ook doen of in welke levensfase ze ook verkeren. Dankzij dit inzicht wendde ik me weer tot de oude wijsheid van de tao en de traditionele Chinese geneeskunde.

Terwijl ik de boeken herlas, besefte ik ineens dat de grondslagen ervan door een door mannen of yang overheerste maatschappij waren bepaald en geschraagd, en dat de vrouwelijke of yinkant van de leringen verborgen, niet vertaald en genegeerd was. Ik ontdekte nieuwe betekenis in de oude principes en begreep dat vrouwen het evenwicht van yin en yang moesten herstellen door de energieën van hun lichaam, geest en ziel met elkaar in overeenstemming te brengen. Ik ontdekte de vrouwelijke oorsprong van de tao en de traditionele Chinese geneeskunde, en dit bracht me ertoe een vrouwelijk model van evenwichtig, vruchtbaar leven te ontwikkelen. Dit nieuwe model helpt niet alleen vrouwen zwanger te worden en gezonde baby's op de wereld te zetten, maar vermindert hun stress en stelt hen in staat hun hele leven aangenaam, scheppend en ten volle te leven.

Het programma is gebaseerd op de tien geheimen van een gezond leven die ik in de oude boeken ontdekte.

Inleiding
Het leven leiden dat je je wenst

Geheim 1	*Breng je lichamelijke, emotionele en spirituele energieën in evenwicht.*	HARMONIE 和
Geheim 2	*Sta jezelf toe te zijn wie je bent.*	TEVREDENHEID 意
Geheim 3	*Ontdek en wees blij met je innerlijke weidsheid.*	OPENHEID 敞
Geheim 4	*Sta het leven toe via jou te leven.*	NATUURLIJKHEID 性
Geheim 5	*Laat weerstand los.*	BEVRIJDING 撒
Geheim 6	*Leef vanuit vreugde in plaats vanuit angst.*	VERSCHIJNING 生
Geheim 7	*Maak gebruik van je emoties om je leven nieuwe kracht te geven.*	VERTROUW OP JE EMOTIES 信
Geheim 8	*Leef 'verticaal' in plaats van 'horizontaal'.*	OVEREENSTEMMING 竖
Geheim 9	*Herwin je kracht door nieuwe patronen te vormen.*	VITALITEIT 氣
Geheim 10	*Breng je zichtbare handelingen in overeenstemming met je innerlijke blauwdruk.*	BELICHAMING 行

In *Het pad van de vruchtbare ziel* worden al deze indrukwekkende geheimen nauwkeurig beschreven; je kunt erin lezen hoe je er gebruik van kunt maken om stress te verminderen, meer energie te krijgen en het innerlijk evenwicht en de innerlijke harmonie te bereiken die je nodig hebt om al je dierbare dromen te verwezenlijken. Het biedt je ook gemakkelijk te begrijpen informatie over de tao en de traditionele Chinese geneeskunde, en het bevat oefeningen en andere instrumenten om je te helpen jouw bronnen van onevenwichtigheid en geblokkeerde energie te ontdekken en te beoordelen. Bovendien zul je lezen hoe vrouwen die aan mijn vruchtbaarheidsretraites overal ter wereld hebben deelgenomen de tien geheimen hebben gebruikt om hun leven nieuwe kracht te geven en te verrijken, en wel met een uitwerking die ze niet voor mogelijk hadden gehouden. Michelle, die nu voor de organisatie The Fertile Soul werkt, beschrijft haar proces als volgt:

Ik heb nu het gevoel dat ik mezelf het leven heb geschonken. Het was een hele strijd, maar ik heb geleerd mezelf te voeden. Hoewel dit voeden eerst meer op wonden likken leek, begon ik na verloop van tijd mijn innerlijk leven te bevruchten – mijn eigen vruchtbare grond. Dankzij geduld en standvastigheid ontsproot er nieuw leven, en door die tere varens water te geven stond ik mezelf toe sterk en vruchtbaar te worden in het leven dat ik al leidde.

Vruchtbaar en vruchtdragend zijn slaat niet alleen op het leven schenken aan een kind. Het slaat ook op het leven schenken aan het zelf dat je wilt zijn en aan een hartstochtelijk, sterk, vreugdevol en avontuurlijk leven. Door uit de kracht van het universum te putten, waaruit al het leven – baby's, nieuwe ideeën, nieuwe dromen en nieuwe zijnswijzen – ontstaat, en door de tien eeuwenoude geheimen toe te passen kun je het contact met je ware aard herstellen en een ten diepste bevredigende levenswijze scheppen: een kalme, vitale, vruchtbare en verrukkelijke levenswijze.

De tao wordt de Grote Moeder genoemd:
leeg maar onuitputtelijk
schenkt ze leven aan oneindige werelden.
Ze is altijd in je aanwezig.
Je kunt er naar believen uit putten.
— Tao Te Tjing

Deel I

*Drie bronnen van wijsheid:
de tao,
de traditionele Chinese geneeskunde
en jij*

Hoofdstuk 1

Met behulp van eeuwenoude wijsheid je welzijn vergroten:

een beknopte inleiding tot de tao en de traditionele Chinese geneeskunde

道 DE WEG

Stel je toch eens voor wat er zou gebeuren als praktiserende artsen, degenen die direct in contact komen met de lijdende mensheid, enige kennis hadden van oosterse geneeswijzen. De geest van het Oosten golft door elke porie als een balsem tegen alle aandoeningen.
— Carl Jung

 De *Tao Te Tjing* (*Daodejing*)

Tao (of *Dao*) betekent gewoon 'de weg'. Het gaat niet om een religie of geloof – tao is een diepgaand inzicht dat ontstaat door naar de natuurlijke levensprocessen op onze planeet te kijken: hoe een bloem bloeit, hoe een eikel uit een zaadje barst om een hoog oprijzende eikenboom te worden, hoe we allemaal aan het leven beginnen als het pure potentieel van een embryo, vervuld van de hoop en de wensen die onze ouders voor ons hebben en de belofte die met onze eerste ademhaling wordt geschapen. De tao beschrijft een levenswijze die alle dingen die tussen onze eerste en onze laatste ademhaling gebeuren verruimt en verdiept: wat we doen terwijl we op deze planeet zijn, met wie we onze tijd doorbrengen, en hoe we omgaan met het kostbare leven dat ons geschonken is.

Het Chinese karakter voor tao belichaamt de idee van het diepste deel van ons wezen, in harmonie gebracht met het hoogste deel van ons zelf. De oude Chinezen stemden zich af op dit diepe bewustzijn en deze harmonie, waardoor ze in staat waren zichzelf als integrerend deel van het grote geheel te zien. Wanneer wij ons ook op dat inzicht afstemmen, zien we dat we een microkosmos van de universele natuurkrachten vormen, dat er meer is dan wijzelf. Wanneer we de Weg volgen, worden we de schepping zelf – iets nieuws, de verwezenlijking van een droom – en zijn we onderworpen aan dezelfde natuurkundige principes die alle natuurlijke dingen regeren.

Taoïsten zien het leven als de wonderbaarlijke vermenging van lichaam, geest en ziel. Ze geloven dat je lichaam is ontstaan door krachten waarop je geen invloed hebt, en dat je ziel – de leven inblazende kracht in alles wat bestaat – de cellen is binnengekomen die je ouders met elkaar vermengd hebben om jouw vorm voort te brengen. Hoewel je lichaam zich volgens het in je embryocellen gecodeerde DNA-patroon ontwikkelt, geloven taoïsten dat ieder mens kiest hoe hij of zij zich zal ontwikkelen. Ze geloven dat de ziel ons in staat stelt ons op vele manieren te ontwikkelen en dat hij ons laat kiezen welke vruchten we eventueel willen dragen. En hoewel ons lichamelijk potentieel uiteindelijk uitgeput raakt en onze vorm begint te verkruimelen, zoals gevallen herfstbladeren, leeft onze ziel voort in wat we hebben geschapen.

De tao is de spirituele kracht die heel het bestaan vanuit de leegte naar buiten brengt. Je zou de tao kunnen opvatten als een intelligente, scheppende kracht die tijd, vorm en ruimte heeft doen ontstaan toen er niets in onze wereld bestond. Deze scheppende kracht heeft twee tegenovergestelde ladingen: een positieve lading, yang genoemd, en een negatieve lading, yin genoemd. Beide worden door heel de kosmos, in de hele natuur en in elk van onze cellen aangetroffen.

Uit de tao komt lichtenergie die een bestaansnetwerk vormt. In menselijke vorm richt deze energie zich horizontaal en verticaal. De horizontale lijnen bepalen het ruimte/tijdniveau dat we als ons stoffelijk leven kennen. De verticale lijnen bepalen ons vermogen van lagere naar hogere spirituele niveaus te stijgen. De ziel – die de geest in stoffelijke vorm giet, zodat hij zich kan openbaren – komt uit dit 'energieraster' voort, is in het lichaam geïntegreerd, en geeft ons zo ons potentieel.

Hoewel je het op dit moment misschien niet gelooft, heeft ieder van ons – ook jij – voortdurend toegang tot dit potentieel, tot de scheppingskracht. Om erbij te komen, richt je je aandacht naar binnen, word je stil en verenig je je met de grenzeloze leegte die ieder van ons midden in zijn hart heeft. Wanneer je dit doet, zul je merken dat je verbonden bent met de hele schepping – met energie, mogelijkheden, aanvaarding en vruchtbaarheid. Zoals Lao Zi (Lao Tse) schreef, de filosoof uit de 6de eeuw voor onze jaartelling die als de stichter van het taoïsme wordt beschouwd:

We voegen spaken samen in een wiel,
maar het is het gat in het midden dat de wagen doet bewegen.
We vormen klei tot een pot,
maar het is de leegte binnenin die omvat wat we maar willen.
We hakken hout voor een huis,
maar het is de binnenste ruimte die het leefbaar maakt.
We zijn bezig met zijn,
maar maken gebruik van niet-zijn.

Wanneer we geboren worden, beginnen we tot een vooraf bepaald horizontaal bestaansniveau uit te groeien. Maar we hebben ook een goddelijke vonk in ons – sommigen noemen deze God, geest, harmonie of liefde, kies wat je het meeste aanspreekt – die ons ons levensdoel geeft, die ons onze dromen laat voortbrengen en scheppen en verwezenlijken. Als we deze vonk kunnen herkennen en ermee verbonden blijven, zal ze ons vanuit ons pure potentieel naar onze hoogste roeping omhoog leiden en ons onze oneindige mogelijkheden tonen.

De scheppende vonk die in alle vrouwen huist noem ik het goddelijke vrouwelijk potentieel, ofwel 'Mysterieuze Moeder', en ik beschouw alle vrouwen als vruchtbare zielen die deze vonk kunnen herkennen en daardoor op een gelukkige manier volgens de Weg kunnen leven. Hoewel goddelijke verbondenheid voor iedereen bereikbaar is en altijd is geweest, zijn velen van ons in de loop van de tijd afgescheiden geraakt: onze voeten ingebonden, onze handen vastgebonden, en onze ziel verstikt onder uiteenlopende patriarchale systemen. Wanneer we geen aandacht meer aan onze vonk schenken, verliezen we uiteindelijk kracht en raken we gestrest, depressief en uitgeput. Dit boek zal je helpen die verbinding weer te versterken en je ogen, je hart en je leven te openen voor het grote potentieel ervan. In de woorden van de Indiase heilige Amma Chi: 'Het wezen van moederschap is niet beperkt tot vrouwen die gebaard hebben; het is een principe dat zowel vrouwen als mannen aangeboren is. Het is een geestesgesteldheid. Het is liefde – en die liefde is de levensadem.'

Maar hoe stellen we ons nu precies open voor ons potentieel? Hoe kunnen we terugkomen op het pad waar we vanaf gegleden zijn toen we de onschuld van de jeugd verloren? Als je ooit hebt gedacht dat het leven gemakkelijker en beter zou zijn als je een wegenkaart had, kun je moed vatten, want de natuur heeft je er met één uitgerust die je gemakkelijk kunt leren volgen. Alles wat je moet doen is je natuurlijke neigingen volgen – zij zullen je naar de bestemming leiden die je wilt bereiken.

Om je nieuwe pad te ontvangen moet je je echter eerst openstellen. Zoals we leren van het verhaal over de zenmeester die een leerling niets kon leren omdat deze veel te vol ideeën zat, zul je wanneer je leert je te ontdoen van gedwongen zijnswijzen in staat zijn je innerlijke weidsheid te omarmen en je geest open te stellen voor een gezondere en vitalere levenswijze.

Traditionele Chinese geneeskunde

De Chinese geneeskunde ziet iedere mens als microkosmos van het universum. Menselijke hersenen bevatten ongeveer evenveel neuronen, en het menselijk lichaam ongeveer hetzelfde aantal cellen, als er sterren in ons melkwegstelsel zijn. De elektronen in onze cellen draaien om protonen zoals de aarde om de zon draait, en met dezelfde snelheid. En we ademen de lucht in die is ingeademd door ieder mens en elk dier die ooit hebben geleefd – Gandhi, Maria Magdalena en de pterodactylus.

Volgens de Chinese geneeskunde bestaat alles in de natuur, inclusief mensen, uit één energie of levenskracht die *qi* wordt genoemd (ook wel geschreven als *ch'i* of *chi*, en uitgesproken als 'tsji'). Net als elektriciteit openbaart deze energie zich door negatieve en positieve polariteiten die als yin en yang bekend zijn, en ze bestaat op drie niveaus: bron, geest en ziel. Mensen leven ook in overeenstemming met de veranderingen van de vier seizoenen, vertonen vijf energetische aspecten, volgen zes richtingen en beschikken over acht primaire interactiewijzen die zijn gebaseerd op de energieën die in de natuur worden aangetroffen. Wanneer al deze systemen in evenwicht zijn, geven we blijk van harmonische energie van hoge kwaliteit die ons ook in staat stelt op een hoger niveau te functioneren. Wanneer we in evenwicht zijn, zijn we gezond en stroomt de vitaliteit onbelemmerd door ons lichaam, onze geest en onze ziel.

 ## De drie energieniveaus

Sommige beoefenaars van de oosterse geneeskunde geloven dat het leven in een soort opwaartse spiraal wordt geleid die het hiervoor beschreven raster van horizontale en verticale energie volgt. Onze lagere energieën, of pure potentieel, bevinden zich onderaan, op bronniveau; en onze hoogste energieën, of ziel, bevinden zich bovenaan. In het midden bevindt zich het geestniveau, waarop we in wisselwerking met de wereld staan. Het hele leven door is ons doel van het laagste niveau op het hoogste te komen.

Gedurende onze eerste levensfase leven we op het bron- of 'essentie'-niveau – de fundering of energiebron. In die tijd staan we in verbinding met ons potentieel en zijn we op onszelf geconcentreerd. Je hoeft maar naar pasgeboren baby's te kijken om dit te zien. Ze blijven stevig opgerold, met ingetrokken armpjes en beentjes, dichtgeknepen handjes, en pakken elke vinger vast waarmee ze in contact komen; ze vinden het prettig om ingebakerd te zijn, iets dat aan de omslotenheid door de baarmoeder herinnert. Zodra ze tevoorschijn komen, leven ze naar hun genetische stempel, en terwijl ze deze blauwdruk blijven volgen, brengen ze daarop in lagen aan wat hun leven zal worden.

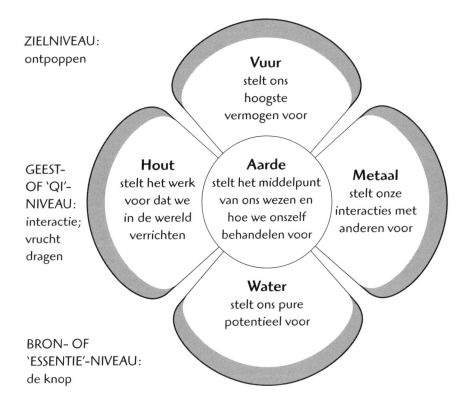

Onderzoek in de kwantumfysica heeft aangetoond dat onze opvattingen de structuur van ons DNA versterken en een nieuwe vorm geven. In zijn boek *The Biology of Belief* (Nederlandse vertaling *De biologie van de overtuiging*) vertelt wetenschapper Bruce Lipton ons dat de structuur van ons DNA verandert wanneer we ons openstellen voor nieuwe zijnswijzen en onszelf veranderen door onze kijk op de wereld te wijzigen. In onze potentiële toestand, onze brontoestand, is ons DNA stevig opgerold, geregeerd door het overlevingsinstinct en angst. Wanneer we echter ons innerlijke goddelijke potentieel ontdekken, verschijnt er een nieuwe structuur. Aanvaarding van onze goddelijke zijnstoestand levert vervolgens de brandstof voor onze klim naar hogere niveaus, waar we sterker, evenwichtiger en blijer worden.

In het tweede stadium, het geest- of 'qi'-niveau, zijn we in interactie met de wereld. In dit stadium zijn onze inspanningen gericht op doen (naar buiten expanderend) of op zijn (naar binnen gericht). Nu kunnen we aspecten van ons erfelijk potentieel herschrijven – ons genetisch ontwerp verbeteren – door onszelf goed te behandelen en op een positieve manier met onze omgeving in interactie te zijn. We zijn geen slachtoffers van ons erfelijke DNA; we kunnen kiezen wat ons lichaam uitdrukt en ervaart. De eeuwenoude Chinese geneeskunde noemt dit principe 'onze voorouders opwekken': onszelf voeden totdat alle delen van ons geheel – verleden, heden en toekomst – verbeterd zijn door onze eigen intentie en aandacht voor ons eigen welzijn. Door ons goddelijke potentieel te aanvaarden en naar de bevelen ervan te leven, kunnen we ons leven opnieuw definiëren.

In het derde stadium, het zielniveau, bloeit ons goddelijke potentieel open. In deze fase ontrollen we ons geheel en al om ons hoogste zelf tevoorschijn te laten komen. We ontspannen ons en leven ten volle, vrij van alle beperkingen. We stellen ons open voor de wonderen van de schepping en ontketenen de krachten van het universum om onze passie in ons leven tot uitdrukking te brengen.

We kunnen allemaal onze energie van haar primaire potentieel naar haar hoogste vermogen tillen en het evenwicht en het geluk vinden dat we nastreven. Wanneer je van het energieraster gebruikmaakt om in jezelf en de buitenwereld evenwicht te vinden, zul je leren om al je energieën te herkennen en aan te wenden om met gewoonten te breken die je in ongezonde patronen hebben vastgehouden, en om zeggenschap over je lichaam, geest en ziel te verwerven. Zoals een Servisch spreekwoord zegt: 'Wees nederig, want je bent van aarde gemaakt. Wees nobel, want je bent van sterren gemaakt.' Je bent van aarde en sterren gemaakt. Ik moedig je aan om de Weg te volgen en zo te ontdekken wat je diepste doel is en dit vol vreugde tot uitdrukking te brengen – om te leren waardoor de aarde voor je beweegt en de sterren voor je dansen.

 ## Hoe ik mijn eigen genetische blauwdruk heb getransformeerd

Mijn passie voor mijn werk hangt rechtstreeks samen met mijn persoonlijke ervaringen met de helende kracht die ik in de tao en de traditionele Chinese geneeskunde heb ontdekt. Door de omstandigheden waaronder ik geboren werd, begon ik me alleen en onwaardig te voelen. Als tiener en later als jongvolwassene voelde ik me slecht toegerust voor het leven en ik had weinig zelfvertrouwen. Het eindigde ermee dat ik met trillende stem sprak en geloofde dat ik volkomen waardeloos was. Ik had er geen idee van hoe waardevol ik was of hoe waardevol het was om te leven. Ik had geen besef van mijn innerlijke goddelijke vonk, alleen maar van de verhaallijn die ik in mijn leven tot uitdrukking bracht. Hierdoor werd mijn potentieel niet verwezenlijkt.

Ik probeerde mijn gebrek aan eigenwaarde te overwinnen door uit alle macht te proberen te bewijzen dat ik wel de moeite waard was. Ik koos partners van wie ik dacht dat ze me een beter gevoel over mezelf zouden geven, geen partners die echt goed voor me waren en voor wie ik goed was. Ik rookte, ik dronk te veel, sportte te veel, werkte te veel, en werd bepaald door hoe ik eruitzag en wat anderen van me dachten. Natuurlijk hielp dit allemaal niets – ik was nog steeds niet in staat mijn hoogste vermogen te bereiken.

Althans niet tot ik de goddelijke vonk ontdekte, die zich stevig opgerold in me bevond. Na jaren van roekeloos gedrag ontdekte ik de weg terug naar mezelf. Toen ik alle hoop verloren had, gaf ik me aan het leven over en ontdekte ik mijn innerlijke stilte. En toen ik stil werd, begon ik de blijdschap te waarderen die inherent is aan het leven. Ik besefte dat ik gewoon door er te zijn de moeite waard was.

Met dat inzicht kon ik afscheid nemen van het doelloze en uitputtende leven dat ik leidde, waarin ik voortdurend probeerde mezelf te bewijzen, en kon ik mijn talenten gaan gebruiken om te bereiken wat het beste voor mij was. Ik stelde mezelf nieuwe grenzen. Ik koos voor gezonde relaties. Ik leerde vanuit vreugde te leven in plaats van uit angst. Mijn ongelukkige omstandigheden gaven me heel wat brandstof voor mijn ultieme transformatie, en van die brandstof heb ik gebruikgemaakt. Nu volg ik mijn eigen goddelijke leiding, ik leef van keuze naar keuze, zonder stress (tenzij ik daarvoor kies), van moment naar moment. Het universum blijft me maar van het nodige voorzien – het overtreft mijn stoutste verwachtingen. Ik ben het leven zó dankbaar dat het me de gelegenheid heeft geboden om me van het bronniveau waarop ik geboren ben naar hogere, vreugdevollere zijnsniveaus te verheffen.

Hoofdstuk 2

Ontdek de onevenwichtigheden en geblokkeerde energie op je pad naar scheppende vrijheid

望 WAARNEMEN

Kom van achter de wolken tevoorschijn, zoals de maan.
Straal licht uit.
— BOEDDHA

Wanneer je de leringen van de tao volgt, leef je opmerkzamer. Je schenkt meer aandacht aan de kleine dingen in je universum, zoals hoe diep je ademt. Je schenkt ook meer aandacht aan dingen in de hele natuur: bloemen en mierenkolonies en de wonderen van de avondhemel. Hierdoor blijf je je ervan bewust dat het hele leven echt wonderbaarlijk is en begin je je er vanuit puurheid en verwondering mee te verhouden.

Wanneer je volgens de principes van de Chinese geneeskunde leeft, word je je meer van je innerlijk bewust, zodat je duidelijker kunt zien hoe je in ongezonde gedragspatronen zou kunnen vastzitten. Deze erkenning stelt je in staat de patronen in andere, gezondere patronen te veranderen, die in overeenstemming zijn met je hogere bewustzijn.

Inzicht in je energiebronnen

Alles wat verhindert dat je het leven in al zijn goddelijke aspecten ervaart, wordt door beoefenaars van de Chinese geneeskunde als een onevenwichtigheid gezien – en onze maatschappij is in vele opzichten behoorlijk uit balans geraakt. We letten niet op de eeuwige, eindeloze overvloed in ons, maar zijn geconditioneerd om aandacht te schenken aan onze pijntjes, aan de nieuwsmedia, aan negativiteit, aan alle stressvolle activiteiten die onze onmiddellijke aandacht vragen. Door deze conditionering sluit de geest zich geleidelijk af voor het positieve en het creatieve, en vergeet hij de wonderen van ons universum. Dit heeft ertoe geleid dat creativiteit op scholen weinig ruimte krijgt en er minder aan kunstsubsidie wordt uitgegeven. En wanneer je niet met de creatieve stroom bent verbonden, leidt dat alleen maar tot nog meer onevenwichtigheid.

In dit hoofdstuk vind je handvatten om te ontdekken en vast te stellen of een of meer van de vijf manieren waarop energie in je lichaam tot uitdrukking komt uit balans zijn. De volgende hoofdstukken zijn gericht op het vrijmaken van deze energieën, op evenwicht vinden en harmonieus verder leven.

Onevenwichtige energieën verstoren het samenstel van lichaam, geest en ziel en veroorzaken stress, hormonale onevenwichtigheid, vermoeidheid, bedroefdheid, onvruchtbaarheid en innerlijke disharmonie, die allemaal ziekte veroorzaken. Maar beoefenaars van oosterse filosofie geloven niet in ziekte bestrijden – ziekte wordt niet als vijand beschouwd. In plaats daarvan wordt ziekte te boven gekomen door energietrillingen te verhogen tot een niveau waarop de ziekte zich niet langer kan openbaren en vanzelf verdwijnt.

Dit proces begint door aandacht te schenken aan symptomen van disharmonie. Elk klein ongemak in je lichaam, elke verstorende gedachte, elke zogenoemde negatieve emotie is een klop op de deur van je bewustzijn die zegt: 'Let op.' En dat moet je doen. In de wind geslagen waarschuwingen kunnen steeds sterker worden. Een beetje spanning in je nek kan tot hoofdpijn leiden, tot uiteindelijk een beroerte, zelfs tot de dood.

In de westerse geneeskunde is pathologie de studie van ziek weefsel. In de oorspronkelijke Griekse betekenis is pathologie echter de studie van lijden – van je niet prettig voelen bij wat er is. Lijden, ziekte en pathologie worden veroorzaakt door verzet tegen wat er is. Wanneer ziekte als een vijand wordt beschouwd, als iets om je tegen te verzetten en tegen te vechten, wint ze door het verzet ertegen aan kracht. Door bijvoorbeeld een aspirine te slikken tegen hoofdpijn zonder te ontdekken wat de bron van de hoofdpijn is, kan deze terugkeren omdat we niet hebben ontdekt wat de oorzaak ervan is; we hebben alleen maar het symptoom bestreden. Wanneer we een onevenwichtigheid echter door de lens van mededogen en liefde bekijken, in plaats van haar als vijand te beschouwen, leren we van haar aanwezigheid in ons leven, aanvaarden we haar boodschap en staan we het ziekteproces toe te verdwijnen.

De westerse geneeskunde heeft alle mogelijke soorten geavanceerde ammunitie om ziekte te behandelen. Ik ben blij dat ik er toegang toe heb wanneer een van mijn kinderen razende keelontsteking heeft. Maar de westerse geneeskunde houdt ons niet gezond – ze is op behandeling van ziekte gericht en niet op instandhouding van gezondheid. In het oude China werden artsen uitsluitend betaald als hun patiënt gezond bleef. Tegenwoordig wordt de 'gezondheids'-gemeenschap uitsluitend beloond wanneer mensen ziek worden.

De oosterse geneeskunde werkt binnen het kader van wat er is om herstel van gezondheid te stimuleren. Ze ontmoet ons daar waar we zijn, zodat we het volledige potentieel tot uitdrukking kunnen brengen van wat we kunnen worden.

Ontdek je levenspatronen

Volgens de tao zijn er zeven levensfasen die ons van conceptie naar de dood voeren: in de eerste zijn we primaire essentie of puur potentieel, in de tweede zijn we in wording, in de derde zijn we afzonderlijke wezens, in de vierde hebben we zelfgevoel, in de vijfde brengen we onszelf tot uitdrukking, in de zesde leven we vanuit aangeleerde conditionering, en in de zevende volgen we vastgeroeste patronen. In elke fase is er een gelegenheid om verder te komen door op de boodschappen van ons lichaam te letten en de dingen te boven te komen die ons van onze hoogste bestemming afhouden.

De volgende beoordelingsmethoden zullen je helpen diep in jezelf te kijken om je levenspatronen te ontdekken en te leren hoe ze verschillen van patronen die in harmonie zijn met je ware aard. Ze zullen je innerlijke duisternis ontsluieren, zodat je vanuit het licht van je ziel kunt beginnen te leven.

 ## De yin-yangvragenlijsten

Met behulp van de volgende vragenlijsten kun je vaststellen of je vrouwelijke en mannelijke eigenschappen in evenwicht zijn. Zoals in de inleiding gezegd, zien de traditionele Chinese geneeskunde en taoïsten alles in termen van twee tegenovergestelde krachten die bekendstaan als yin (–) en yang (+). Net zoals elektriciteit tegenovergestelde krachten nodig heeft om te kunnen stromen, heeft het leven tegenovergestelde krachten nodig om energie voort te brengen.

Onze yin en yang kunnen uit evenwicht raken. Als bijvoorbeeld een te groot deel van ons yang, onze actieve kant, te sterk stroomt, kunnen we opgebrand raken – door onze carrière, onze activiteiten, ons gezin – door geen tijd voor rust te nemen. Aan de andere kant kunnen we als ons yin, onze zachtere kant, te sterk stroomt losraken van alles en niets anders doen dan rusten.

Zoals je ziet, hebben de twee polariteiten heel andere kenmerken, maar yang is niet beter dan yin en yin is niet beter dan yang – beide zijn noodzakelijk. Belangrijk is dat ze in harmonie blijven.

Onze maatschappij geeft echter de voorkeur aan yangeigenschappen boven yineigenschappen. De meeste beloningen worden gegeven voor activiteit, niet voor naar binnen kijken. Het wordt gewoon gevonden om mensen die introspectief zijn te vragen: 'Waarom doe je niets?' Met andere woorden, aan contemplatie wordt geen waarde gehecht. Maar het is belangrijk om activiteit met rust in evenwicht te brengen.

Yang – sterke, gevende aspecten	Yin – zachte, ontvangende aspecten
Zijn overwegend in het bovenste deel van het lichaam – rug, rechter buitenkant van het lichaam	Zijn overwegend aan de binnenkant van het lichaam – voorkant, vlezige delen, linker binnenkant van het lichaam
Zijn overwegend in de maag, ingewanden, galblaas, urineblaas, mannelijke voortplantings-organen – die zich vullen en legen	Zijn overwegend in longen, milt, lever, hart, nieren, baarmoeder en eierstokken – die specifieke functies omvatten
Zorgen ervoor dat we actief zijn, dingen voor elkaar krijgen	Zorgen ervoor dat we passief zijn, het leven laten gebeuren
Zijn licht, stralend, helder	Zijn donker, afgeschermd, voor het oog verborgen
Zijn uiterlijk, oppervlakkig, op de buitenkant en doen gericht	Zijn innerlijk, diep, gericht op naar binnen gaan
Worden door het sympathisch zenuwstelsel geregeerd	Worden door het parasympa-thisch zenuwstelsel geregeerd
Zijn positief, voorwaarts bewegend	Zijn negatief, stellen je in staat op dezelfde plaats te blijven
Zijn droog, uitgeput	Zijn nat, vochtig, vruchtbaar
Zijn warm, hectisch, rusteloos, jachtig	Zijn koel en rustig
Zijn luidruchtig	Zijn stil
Zijn druk, betrokken	Zijn zwijgzaam
Zijn krachtig, levendig, energiek	Zijn ontvankelijk

Wanneer we ons van buiten naar binnen richten, kunnen we ons vernieuwen en putten we onze bronnen niet uit. Zaden produceren niet voortdurend. Ze verzamelen kracht in de donkere, vochtige diepten van de bodem, zodat ze kunnen uitbarsten van leven. Een vruchtbaar veld moet tijd hebben om braak te liggen, anders zal het geen rijke oogst voortbrengen.

Vrouwen zijn emotioneel en fysiek meer yin. De onmiskenbaar vrouwelijke hypofysehormonen oxytocine en pitocine bevorderen passieve eigenschappen en het vermogen conflicten te beslechten door zich met andere vrouwen te verbinden. Lang geleden werden vrouwen gewaardeerd om hun vruchtbare, overvloedige aard en juist hun band met de natuur, met de getijden van het leven, en hun vermogen leven te schenken verleenden hun die waarde. Maar toen onze culturen meer naar buiten gericht begonnen te worden, werden vrouwen te schande gemaakt en gestraft voor hun verbondenheid met de natuurkrachten. Auteur Joan Borysenko vertelt hoe zij zich als klein meisje afvroeg waarom vrouwen geen rol speelden in de synagoge. Ze vroeg haar rabbi naar de reden voor deze discrepantie, en hij antwoordde dat vrouwen geen huis van verering nodig hebben om zich met de levensziel te verbinden; daarmee zijn ze inherent verbonden. Ze menstrueren op het ritme van de maan. Ze schenken leven. Ze golven via hun emoties met de wereld mee. Van mannen werd echter gevonden dat ze wel een huis van verering nodig hebben, omdat zij zich meer vanuit hun gedachten en hun intellect met de levensziel verbinden.

Dit verhaal herinnert ons eraan dat niet alleen de yineigenschappen van vrouwen werden onderdrukt, maar ook die van mannen, zodat mannen evenmin in staat zijn hun zachtere aspecten te aanvaarden. Yin is in verval geraakt, in elke vorm. Vrouwen zijn veel minder gericht geworden op wie ze innerlijk zijn en hebben geleerd hun aandacht te richten op hoe ze op de buitenwereld overkomen. In een poging meer evenwicht te scheppen, streven vrouwen er nu naar meer zoals mannen te zijn, ontwikkelen ze hun spieren, houden ze hun buik in en wijzen ze bepaalde aspecten van hun vrouwelijkheid af, zoals open en ontvankelijk zijn. In mijn geval dacht ik dat mijn ouders ontevreden waren met alweer een meisje in het gezin, en op deze perceptie reageerde ik met me als een jongen te gedragen. Ik droeg mijn haar kort, sportte, klom in bomen en probeerde stoer te zijn. Toen ik volwassen werd, hield ik de mannelijke houding van doen en presteren in stand en bleef ik mijn buitenkant versterken om de zachtheid vanbinnen te verbergen. Ik hongerde me uit en sportte als een gek om mijn rondingen kwijt te raken – ik maakte mezelf letterlijk onvruchtbaar.

We hebben allemaal een innerlijk yinaspect – vertrouwend, intuïtief, open en stromend – en we hebben allemaal een innerlijk yangaspect – rechtstreeks, zelfverzekerd, autoritair en doelgericht. Wanneer je met behulp van de oefening hieronder je yin- en yangaspecten onderzoekt, zul je je bewust worden van je onevenwichtigheden en dankzij dit inzicht groeien. Als je yang bijvoorbeeld te sterk is, vertrouw je misschien te veel op je verstand, terwijl je je gevoelens geen invloed op je beslissingen laat uitoefenen. Je bent misschien geneigd tot rigiditeit en je wil aan anderen opleggen. Als je yin te sterk is, ben je misschien buitengewoon gevoelig en emotioneel en mis je een innerlijke stem, waardoor je jezelf kwijtraakt in contact met anderen. Inzicht in je onevenwichtigheden is de eerste stap om je yin en yang weer in harmonie te brengen.

Yinonderzoek

Noteer je eerste reactie op de volgende vragen en denk erover na hoe deze antwoorden je leven hebben gevormd.

1. Wat vond je ervan om een meisje te zijn toen je opgroeide?
2. Wat voor soort boodschappen kreeg je over de waarde van vrouw-zijn?
3. Hoe voelde je je toen je voor het eerst menstrueerde? Waar was je? Wie was er bij je? Wat deed je?
4. Welk van je vrouwelijke attributen gaven je als kind een gevoel van trots of eigenwaarde?
5. Hoe wist je dat je moeder van je hield? Hoe toonde ze haar liefde?

6. Hoe toonde jij je moeder je liefde?
7. Wie waren je vrouwelijke rolmodellen?

Yangonderzoek
1. Hoe wist je dat je vader van je hield? Hoe toonde hij zijn liefde?
2. Hoe toonde jij je vader je liefde?
3. Wie zijn de belangrijke mannen in je leven geweest? Wat heb je van ieder van hen over mannelijkheid geleerd?
4. Zou je leven anders zijn als je een man was geweest? Hoe anders?
5. Hoe oud was je toen je voor het eerst geslachtsgemeenschap had? Wat vond je ervan?
6. Wat vind je nu van geslachtsgemeenschap?
7. Hoe ervaar je seksuele opwinding?
8. Wat doe je met dat gevoel?
9. Als je een intieme relatie hebt: hoe is je relatie met je partner?
10. Hoe toon je je partner genegenheid?
11. Hoe toont je partner jou genegenheid?

Yin-yangonderzoek
1. Stel vast wat je vrouwelijke en mannelijke eigenschappen zijn en maak er een lijst van. Vrouwelijke voorbeelden zouden ontvankelijk, vruchtbaar, naar binnen gericht kunnen zijn. Mannelijke voorbeelden zouden actief, invloedrijk, doelgericht kunnen zijn.
2. Welke van deze eigenschappen leveren je iets op en ondersteunen je geliefde bestemming? Welke niet?
3. In welke situaties handel je meer vanuit je vrouwelijke aard? In welke handel je meer vanuit je mannelijke aard?
4. Wanneer voel je je uit evenwicht?
5. Wanneer voel je je in evenwicht?
6. Wat kun je doen om meer evenwicht in je leven te brengen?
7. Je endocriene systeem en je voortplantingsstelsel bestaan uit zowel mannelijke als vrouwelijke aspecten. Dat geldt ook voor je instelling ten opzichte van je voortplantingsstelsel. Welke

mannelijke of vrouwelijke trekken ken je toe aan je gevoelens over je eigen vruchtbaarheid, je innerlijke scheppingskracht en je gevoel van seksuele opwinding?

Nu je je van onevenwichtige reacties bewust bent geworden, kun je, wanneer je merkt dat deze onevenwichtigheden in je gedrag naar voren treden, ze doen verdwijnen door je een evenwichtigere reactie voor te stellen.

De vijf energieaspecten

Energieaspecten zijn metaforen voor aspecten van de natuur die zich telkens weer herhalen: aarde, metaal, water, hout en vuur. Deze aspecten treden in onze persoonlijkheid, emoties, interacties en lichaam naar voren. Ze scheppen ons energieveld: de manier waarop we denken, voelen en ons verhouden tot onszelf en anderen. Wanneer ons energieveld sterk is, kan niets erin doordringen. Negatieve boodschappen van tijdschriften, internet, de televisie, billboards, het nieuws, ondermijnende collega's en gezinsleden kunnen er niet in.

Aarde-energieën

Door de energie van de aarde naar het midden van je lichaam, voorgesteld door de milt en het spijsverteringsstelsel, te halen schep je een sterk aarde-energieveld. Om te beoordelen hoe goed je aarde-energieën functioneren, overweeg je hoe goed je je grenzen in je leven bewaakt. Word je in te veel richtingen tegelijkertijd getrokken? Kun je nee zeggen wanneer het nodig is?

Metaalenergieën

Metaalenergie duidt op samentrekkende en opengaande aspecten, het vermogen samen te komen en los te laten. De longen zijn de organen die deze energie meedragen. Om te beoordelen hoe goed je longenergieën functioneren overweeg je hoeveel je bereid bent los te laten in je leven. Klamp je je aan een persoon, ding of situatie vast door wie of waardoor je je gespannen voelt? Kun je je voorstellen deze los te laten? Kun je je vroegere situaties herinneren waarin het een geweldig gevoel gaf om iets los te laten?

Waterenergieën
Waterenergieën proberen altijd dieper te gaan en zoeken naar spleten die ze binnen kunnen sijpelen. Waterenergieën worden voorgesteld door de nieren, en om de toestand van je nieren te beoordelen dien je vast te stellen hoeveel je van jezelf kunt houden – of je zelfs houdt van je innerlijke donkere schaduwen en van de manier waarop je je authentieke zelf in de wereld tot uitdrukking brengt. Zelfs de schaduwen zijn van dezelfde zielbron gemaakt als de rest van de totale schepping. Ben je moedig genoeg om naar dat waarvan je echt gemaakt bent te kijken? Wil je naar de diepte gaan en aanvaarden wat je er aantreft?

Houtenergieën
Het element hout verwijst naar de kracht in een klein zaadje die het in staat stelt zich tot een sequoia te ontwikkelen. In ons lichaam wordt deze energie voorgesteld door de lever; ze is krachtig en stroomt vrij. Om achter de toestand van je eigen leverenergieën te komen vraag je je af hoe vrij je je momenteel in je leven voelt. Welke situaties geven je het gevoel vast te zitten? Waardoor voel je je vrij? Kun je onderscheiden welke aspecten je dient te aanvaarden en welke je kunt veranderen?

Vuurenergieën
Vuurenergieën zijn heet en expansief en worden door de bloedsomloop voorgesteld, die een naar buiten gerichte beweging vertoont. Om de kwaliteit van je vuurenergieën vast te stellen vraag je je af hoeveel liefde je de wereld kunt bieden. Kun je vergeven wat je onaangenaam vindt? Kun je je voorstellen dat je liefde voor alles voelt? Kun je begrijpen dat het mogelijk is je uitsluitend voor liefde open te stellen en te ontdekken dat alles perfect is?

Ontdek je karakteraspecten

Elk element omlijnt bepaalde kenmerken van de menselijke persoonlijkheid. Misschien ontdek je wel dat je bijna volledig met één type energie overeenkomt. Als dit zo is, dien je op te letten en ervoor te zorgen dat de aspecten ervan niet excessief worden. Aan de andere kant merk je misschien dat je helemaal niet naar een bepaald element overhelt, wat betekent dat je die energie wellicht mist en je meer moet inspannen om de kracht ervan te gebruiken. Je hoeft in geen van beide gevallen te schrikken. Veel mensen hebben meerdere aspecten in een tot drie categorieën, maar missen die in een of meer andere – er zijn heel weinig mensen die door alle elementen heen evenwichtig zijn – en zij dienen er een of twee te versterken of te verzwakken. Ik heb bijvoorbeeld de meeste aspecten van water en aarde, ben goed voorzien van metaal en heb bijna geen hout. Dus moet ik op de trage aspecten van water letten en deze aanpakken, en dat geldt ook voor de neiging van water tot afzondering, en een zwakte in het houtaspect om assertief te zijn in situaties die om meer kracht vragen.

Word je er tijdens het doornemen van de elementen van bewust hoe deze aspecten je kunnen voorbestemmen om op bepaalde manieren te reageren, je kunnen helpen om jezelf te aanvaarden zoals je bent, en om op een meer voldoening schenkende manier te leven, in harmonie met het gehele leven.

Karakteraspecten

Aardemensen zijn gecentreerd, stabiel en van nature koesterend jegens anderen. Deze sterke aardemoeders zijn de schouders waarop we graag uithuilen. Ze zijn warm en geven graag genegenheid. Ze hechten waarde aan en zorgen goed voor hun huis, nodigen vrienden uit in de warmte van hun huiselijke haard. Ze hebben vaak een paar goede vrienden die ze zeer trouw zijn. Aardemensen hechten waarde aan stabiliteit, harmonie en steun, en kunnen van een schoen een feestmaal maken. Ze kunnen echter te stabiel en traag worden. Ze hebben ook moeite om beslissingen te nemen die hun van hun comfort beroven. Omdat ze van nature graag voor anderen zorgen, verliezen ze vaak hun eigen grenzen uit het oog en kunnen ze moeite hebben met goed voor zichzelf zorgen. Ze maken zich van nature zorgen om degenen van wie ze houden en die ze aardig vinden en ook om mensen die niet zo dicht bij hen staan. Aardemensen kunnen baat hebben bij een hobby waarin ze zich helemaal kunnen verliezen, die hen uit hun obsessieve zorgen haalt. Aardemensen kunnen er baat bij hebben om hun routine te veranderen, hun huis anders in te richten en elke dag iets voor zichzelf te doen.

Metaalpersoonlijkheden hechten waarde aan uiterlijk en orde. Deze op details gerichte mensen zijn gedisciplineerd en beheerst, efficiënt, zeer nauwgezet en kieskeurig. Ze hechten waarde aan schoonheid en kunst en zijn vaak veeleisend wat hun uiterlijk en de esthetiek van hun omgeving betreft. Ze zijn geboren analisten en accountants en er kan op hen gerekend worden wanneer ze als vermogensbeheerder werken. Ze beschouwen zichzelf vaak als rechtschapen en genieten van geheiligde rituelen. Degenen met onevenwichtige metaalaspecten hebben echter moeite met wanorde en spontaneïteit. Ze kunnen aanmerkingen op anderen gaan maken en hebben moeite om met chaos om te gaan en emoties te uiten. Ze lijken vaak alles stevig in de hand te hebben en verafschuwen de dag waarop hun orde wordt verstoord. Mensen met metaalonevenwichtigheden kunnen moeite hebben om zich te ontspannen. Omdat ze niet van nature impulsief zijn, kunnen ze er baat bij hebben om te doen alsof ze gek zijn, tot ze zich goed voelen bij deze vrijheid. Iets dragen dat niet past bij de andere dingen die ze aanhebben kan hen aan de spontaneïteit van het leven doen wennen.

Wateraspecten worden tot de diepte aangetrokken en houden vaak van donkere kleuren als marineblauw en zwart. Watermensen hechten grote waarde aan intelligentie, wijsheid en inzicht. Ze zijn vaak stil en hebben een bijna klagend klinkende stem. Ze geven blijk van inzicht en genieten van filosofische gesprekken en lezen. Ze zijn opmerkzaam en vindingrijk, en hechten meer waarde aan zijn en kennis dan aan doen. Watermensen zijn eerlijk, maar ze voelen zich niet zo op hun gemak bij sociaal verkeer als hun zusters. Het lijkt soms alsof ze achter een struik verscholen naar het leven kijken, vanwaar ze de veiligheid en de zuiverheid van een situatie beoordelen. Ze zijn onafhankelijke eenlingen, die graag doen waar ze zin in hebben en een beetje op hun hoede kunnen lijken. Ze zijn niet geneigd gemakkelijk genegenheid te geven en kunnen toch tot op het bot gekwetst worden. Ze hechten waarde aan diepgang bij anderen. Ze hebben ook een heel scherp en gevoelig gehoor, en hoewel ze meestal goed slapen, kunnen omgevingsgeluiden hen 's nachts uit de slaap houden. Watermensen zijn vaak op zoek naar de perfecte leraar. Onevenwichtige wateraspecten kunnen deze mensen echter de neiging geven om zich van anderen terug te trekken en geïsoleerd te raken. Ze kunnen echter weer in evenwicht komen door contact met anderen aan te durven en zichzelf toe te staan kwetsbaar te zijn.

Houtmensen hebben meestal een heel sterke persoonlijkheid. Ze weten wat ze willen en kunnen het krijgen. Houtmensen, die zich tot de kleur groen aangetrokken voelen, kunnen hun zelfvertrouwen en assertiviteit uiten, genieten ervan dingen voor elkaar te krijgen en kunnen hun fantasierijke dromen gemakkelijk verwezenlijken. Houtmensen kunnen goed naar binnen kijken en zijn zieners. Ze laten zich niet snel door grenzen hinderen, maar zijn kopstukken die de touwtjes in handen nemen en machtige leiders worden. Hun vermogen actie te initiëren en hun plannen daadkrachtig uit te voeren stelt hen in staat dingen voor elkaar te krijgen. Door hun intensiteit zijn ze echter vaak snel gefrustreerd als de wereld niet aan hun plannen meedoet. Ze vallen 's nachts vaak moeilijk in slaap en kunnen neigen tot hoge bloeddruk. Soms vinden houtmensen het lastig om zich te ontspannen, en wanneer ze het wel doen, zijn ze eerder geneigd om in te storten dan om moeiteloos tot rust te komen. Te veel hout kan je het gevoel geven onoverwinnelijk te zijn, afgescheiden van de rest van de wereld. Houtmensen moeten eraan werken om flexibel te blijven en dagelijks tijd voor ontspanning te nemen, zodat ze hun eigen grenzen kunnen herkennen en innerlijke rust kunnen vinden.

Vuurpersoonlijkheden zijn opgewekt, levendig en communicatief. Ze belichamen de vurige rode aspecten die opwinding om hen heen veroorzaken. Ze staan altijd open voor nieuwe kansen en brengen passie en verrukking mee. Ze zouden misschien praatgraag kunnen zijn, het natuurlijke middelpunt van elk feest, en ze hunkeren ernaar zich met anderen te verbinden en bewondering te krijgen. Vuurmensen communiceren charismatisch en maken snel vrienden. Deze geboren minnaars zijn vaak expressief en hartelijk, maar zouden een beetje plakkerig kunnen zijn, doordat ze niet beseffen waar zij eindigen en een ander begint. Hun kracht ligt niet in diepe contemplatie en toekomstgerichtheid; ze zijn geneigd in het moment te leven en dit te aanvaarden. Omdat ze zich tot intimiteit en éénzijn voelen aangetrokken, vinden ze het vaak moeilijk om zich naar binnen te richten en hun energie voor morgen te bewaren. Vuurpersoonlijkheden hebben er baat bij om elke dag in stilte te wandelen en hun kracht in eenzaamheid te herkennen.

Je aspecten weer in evenwicht brengen

Zoals zoveel mensen ontkende ik als kind en jongvolwassene mijn ware aard. Hoewel ik dat indertijd niet besefte, was ik goed van waterenergieën voorzien, dus geneigd tot concentratie en introspectie, maar ik verlangde ernaar populair en levendig te zijn, zoals de meisjes die goed van vuurenergieën waren voorzien. Ik ontdekte dat ik na een paar glazen alcohol op die meisjes kon lijken, en alcohol werd mijn gereedschap om dat te worden waarvan ik dacht dat het door de maatschappij meer gewaardeerd werd. Hoewel alcohol mijn remmingen wegnam en me in mijn eigen ogen aangenaam gezelschap maakte, werd alcohol echter uiteindelijk ook mijn ondergang, omdat ik me erdoor ging gedragen als iemand die ik niet was. Toen ik ten slotte weer stil werd en diep in mezelf keek, lukte het me in te zien dat ik als ik naar een autoriteit buiten mij bleef leven, mezelf volkomen zou kwijtraken. Uiteindelijk begon ik mijn eenzelvige aard te aanvaarden en zelfs te respecteren. Ik begon authentiek te leven, blij, zoals degene die ik werkelijk ben.

Fiona, een mooie Britse vrouw die aan een vruchtbaarheidsretraite meedeed, trouwde toen ze tweeënveertig jaar was. Ze was een succesvolle, hoogopgeleide analiste, maar gaf haar baan spoedig na haar huwelijk op. Toen ze naar de retraite kwam, merkte ik dat ze zich emotioneel doelloos voelde; lichamelijk had ze betrekkelijk ernstige allergieën, astma en andere aandoeningen van de luchtwegen. Toen ze de analyse van karakteraspecten invulde, beoordeelde ze zichzelf als bijna helemaal metaal, totaal zonder aardeaspecten. Dus stelde ik voor dat ze op zoek ging naar een aantal creatieve methoden om haar inherente aarde-energieën te ontdekken, iets dat haar zou helpen om passie te vinden en ook om van zichzelf en anderen te houden.

Na de retraite droomde ze van een tuin waarin ze zich rustig en gelukkig voelde. Hoewel ze geen ervaring had met tuinieren, maakte ze een tuintje op de binnenplaats achter haar huis. Ze ontdekte dat ze ervan genoot daarin te werken, contact te maken met de aarde. Stapje voor stapje breidde ze haar tuin uit, en ze begon het steeds leuker te vinden om haar handen diep in de aarde te steken en nieuw leven te laten groeien. Toen haar pioenrozen en rozenstruiken bloeiden, ervoer Fiona een hernieuwd gevoel van passie, en ze begon zichzelf te koesteren zoals ze haar tuin vruchtbaar maakte en koesterde. Haar allergieën verdwenen volkomen.

Wees je er terwijl je de rest van de hoofdstukken leest van bewust hoe je eigen aspecten je op elk niveau beïnvloeden: fysiek, mentaal, emotioneel en spiritueel. Als je bijvoorbeeld hebt ontdekt dat je gebrek aan waterenergieën hebt, zul je waarschijnlijk merken dat je een probleem met of een onevenwichtigheid in je nieren hebt. Nu betekent dat niet dat je je hele leven problemen met je nieren zult hebben, maar je zou een gevoeligheid voor nierproblemen kunnen ontwikkelen als je je niet inzet om ze gezond te houden. Het lichaam kan zich zó ongelooflijk goed aanpassen dat orgaanstelsels energie van elkaar lenen om het evenwicht zo veel mogelijk in stand te houden. Elk symptoom is een schreeuw om hulp.

Wanneer je je eenmaal van je onevenwichtigheden bewust wordt, zullen de tien geheimen om gezond te worden je laten zien hoe je ze kunt corrigeren, hoe je blokkades kunt opheffen en hoe je je lichaam, geest en ziel met liefdevolle aandacht en zorgzaamheid kunt overladen om een gezonder, meer voldoening schenkend, gelukzaliger leven te leiden.

 ## De zeven levensfasen

Volgens de Chinese geneeskunde ontvouwt onze oorspronkelijke energie, of essentie, zich volgens een evolutionaire blauwdruk die aanvankelijk geregeerd wordt door prenatale invloeden en later door invloeden van het levensproces. De zeven levensfasen zijn markeringsperioden die voorstellen hoe we keuzen maken die gebaseerd zijn op het egozelf dat ons bij onze ware aard wegvoert. Denk er tijdens het lezen aan dat elke latere fase gelegenheden biedt tot bewustwording en om je weg naar de tao terug te vinden, en dat het nooit te laat is om een vruchtbaar leven te leiden.

Fase een

De eerste levensfase is het foetusstadium. Wanneer het yin en yang van onze ouders magnetisch tot elkaar aangetrokken worden, verenigen hun eitje en sperma zich om de blauwdruk voor een nieuwe mens voort te brengen. Deze primaire essentie trekt de ziel in een menselijke vorm en drukt er het stempel op van een unieke, door de hemel gewenste aard. Zolang de foetus in de baarmoeder blijft, heeft ze geen besef van individuatie en blijft ze puur potentieel, zoals een zaadje, maar toch wordt ze beïnvloed door de reactie van de moeder op haar omgeving tijdens de zwangerschap. De baarmoeder is de poort tussen de leegte en dit zijnsniveau.

Fase twee

De tweede levensfase begint wanneer de zuigeling haar eerste adem aanvaardt. Deze fase wordt als het stadium van 'spontane zelfwording' beschouwd. De zuigeling is met heel het leven verbonden, maar heeft nog steeds geen besef van individuatie. Evenals een bloemknop komt ze als puur potentieel in dit bestaan, met als vonk een unieke expressie van goddelijkheid, haar ziel, die zich tijdens de rest van haar leven zal ontvouwen. Tijdens deze fase wordt ze onderbewust diepgaand geconditioneerd door de omgeving waarin ze opgroeit.

Fase drie

De derde levensfase is de jeugd. Het kind wordt zich van zichzelf bewust terwijl ze haar naam en alles over zichzelf leert. Ze leert dat ze een afzonderlijke identiteit is, dat ze van haar ouders en zusjes en broertjes verschilt, en ontdekt talloze gelegenheden om zich nog meer te onderscheiden en nog onafhankelijker te worden.

Tijdens deze fase beweegt het kind zich van de spontaneïteit van de jeugd waarmee ze zichzelf tot uitdrukking brengt naar meer naar buiten gericht bewustzijn. Zie een jong kind dansen, ongeremd, zich nog niet van zichzelf bewust, nog steeds een pure expressie van zijn. Wanneer ze voor anderen begint te dansen, verliest ze haar spontaneïteit; en terwijl ze haar eigen zelfbeeld ontwikkelt, begint ze haar oorspronkelijke gezicht te vergeten. Er kunnen in deze ontvankelijke identiteitsfase diepe wonden worden geslagen, vooral als haar beeld bezoedeld raakt door negatieve en schaamte oproepende boodschappen.

Fase vier

Tijdens deze fase, de tienerjaren, gaan yin en yang uiteen; zo bereiden ze de weg voor het verlies van de oorspronkelijke aard voor. Terwijl tieners meer over de wereld leren, verliezen ze het contact met hun ware aard en beginnen ze zichzelf in overeenkomst met anderen te definiëren. 'Ik heb scheppingskracht: ik heb heupen. Ik houd van zwart. Ik ben cool. Ik vind lange jongens leuk. Ik ben mysterieus. Ik houd van paarden. Ik vind mezelf dik, dus jullie moeten me ook dik vinden.' Tijdens deze fase begint ze de wil van het hemelse af te wijzen en probeert ze de wereld haar eigen individuele wil op te leggen. Maar het ego heeft een agenda ('ik moet dunner en cooler zijn om gelukkig te zijn'), en deze wordt een thema dat haar reactie op de wereld kleurt. Mijn thema was tijdens deze jaren 'ik kan nooit goed genoeg zijn'.

In deze fase opgelopen wonden kunnen ons ertoe brengen negatieve levensthema's te belichamen. Zo werd Janice toen ze opgroeide seksueel misbruikt door haar oudere broer, iemand van wie ze had gehouden en voor wie ze ontzag had gevoeld. Toen het misbruik in rectale penetratie veranderde, begon ze zich diep te schamen en ging ze het huis uit. In plaats van te kunnen genieten van de zelfdefiniërende adolescentiefase, moest ze de pathologie van metaal ervaren en ze werd rigide en teruggetrokken.

Ze ontwikkelde ook het ergste geval van pijnlijke endometriose dat ik ooit had gezien, waarbij haar darmen door baarmoederslijmvlies werden omhuld. Wanneer Janice ovuleerde, produceerde haar rectum en niet haar baarmoeder overvloedige hoeveelheden slijm, en elke menstruatie veroorzaakte hevige krampen en rectale bloeding.

Na een diepgaande spirituele zoektocht die haar uit haar lichaam gehaald had, kwam Janice naar een vruchtbaarheidsretraite. Hoewel ze zich had kunnen verwijderen van de pijn die haar lichaam voelde, had ze geen genezing gevonden voor haar geestelijke en emotionele pijn. Nadat ik haar enige tijd geobserveerd had, stelde ik vast dat ik haar weer in haar lichaam moest brengen, wilde ze emotioneel kunnen helen. Maar dat was buitengewoon moeilijk. Het was lastig om haar bij de acupunctuurbehandeling te houden die ik toepaste – ze deed haar ogen dicht om te ontsnappen. Maar nadat ze een maand qi gong had gedaan, Chinese ademhalingsoefeningen, leerde ze in haar lichaam te blijven, zelfs tijdens pijn.

Toen Janice voor de tweede keer naar een vruchtbaarheidsretraite kwam, bleef ze tijdens verdere acupunctuurbehandelingen wel in haar lichaam, en toen maakten onze zielen contact. Ik kan je niet vertellen waar ik de naalden plaatste, ik weet alleen dat ik naar de punten werd geleid waar ze nodig waren. Terwijl ik de naalden plaatste, gebeurde er iets, de energie van de kamer veranderde ook. Janice schoot op de behandeltafel omhoog en hapte naar lucht van angst: haar hele lichaam golfde van een geweldige kracht die zich er een weg doorheen baande. Maar vanaf dat moment vloeide haar menstruatiebloed uit haar baarmoeder, en haar pijn werd minder. Door haar lichaam te accepteren en zich niet langer te verzetten tegen wat was, liet Janice de celherinneringen die ze had belichaamd vrij. Ze leeft nu gelukkig, gezond en hartstochtelijk en bestudeert de oude Incaculturen in Machu Picchu.

Fase vijf

Gedurende fase vijf bekijkt de jongvolwassene alles wat ze ziet en doet door de filter van de zelfdefiniërende patronen die in de voorgaande fasen zijn ontstaan. Als jongvolwassene was mijn filter dat ik moest bewijzen dat ik goed genoeg was – ik definieerde mezelf via mijn relaties, wat ik deed en hoe ik op anderen overkwam, een manier van leven die door de westerse maatschappij volledig wordt bekrachtigd.

Gelukkig is het altijd mogelijk om het licht van bewustzijn vanbinnen te ontsteken en om onevenwichtigheid te herkennen. Rose was een jonge, succesvolle filmproducent in New York City, maar haar gezondheid was gaan lijden onder haar stressvolle carrière. Hoewel ze van nature fel was en gedijde in haar adrenalinerijke beroep, beroofde haar voortdurende behoefte aan erkenning door anderen haar van een waarlijk zelfgevoel, wat tot darmproblemen leidde. Omdat ze zich zorgen maakte over haar gezondheid en welzijn, zegde Rose haar dynamische baan op en begon kinderverhalen na te spelen op scholen in een New Yorkse wijk. Door goed voor zichzelf te zorgen en de behoefte om zichzelf via haar beroep te definiëren los te laten, kon ze haar scheppingskracht tot uitdrukking brengen en hielp ze anderen tot zelfexpressie te komen. Toen ze haar levensstijl aanpaste, herwonnen ook haar darmen hun gezondheid.

Fase zes

Bij een oudere volwassen vrouw kan het valse zelf, als ze nog niet door middel van een schok tot bewustwording is gebracht, grondiger ingeworteld raken. Ze wordt een gewoontemens en versterkt haar ongezonde gedrag door verwerving van een nieuwe auto, een nieuw beroep, 'nieuwe borsten' of een facelift, een nieuwe vriend of een nieuw gezin. Niemand hoeft echter in deze beschadigende levenswijze te blijven vastzitten. Iedereen kan uit conditionering losbreken en naar haar oorspronkelijke aard terugkeren.

De man van een vriendin van me kreeg op zijn vijftigste een verhouding. Mijn vriendin liet hierop haar borsten vergroten en haar haar platinablond verven. Wanneer ze hier nu op terugkijkt, beseft ze hoe onvolwassen zowel zij als haar man omging met de innerlijke stemmen die hun zeiden dat ze zichzelf moesten vinden. Zodra ze er wel naar luisterden en aan zelfonderzoek gingen doen, ontdekten ze dat hun uiterlijke veranderingen hun niet opleverden wat ze nodig hadden. Toen ze zich er ten slotte van bewust werden dat ze niet het leven leidden waartoe ze voorbestemd waren, gingen ze op een vruchtbaarder ontdekkingsreis naar zichzelf: relatietherapie.

Fase zeven

Als een vrouw geconditioneerd is om haar grenzen te overschrijden en ze niet naar de waarschuwende signalen uit eerdere fasen geluisterd heeft, kunnen haar negatieve patronen nu haar fysieke ondergang worden: misschien heeft ze hoge bloeddruk en lijdt ze aan alcoholisme, hartaanvallen en beroerten. Maar zelfs in fase zeven is het nog niet te laat. Ze kan zich nog altijd bewust worden van haar negatieve gewoontepatronen om zichzelf tot uitdrukking te brengen en de weg naar haar oorspronkelijke aard inslaan.

Het is nooit te laat. Op elke inademing en op elke hartslag kunnen we ons met de roep van de tao verbinden en bij onszelf terugkomen. Jean, een gepensioneerde rechter, slikte het grootste deel van haar vruchtbare jaren de pil. Ze trouwde later in haar leven met een man met volwassen kinderen. Jean, een vrouw met sterke houtaspecten, had het gevoel dat ze haar stempel op de wereld drukte zonder innerlijke steun te zoeken. Toen ze begin zestig was, kreeg ze borstkanker en werden haar borsten geamputeerd. Volgens haar werd de kanker gedeeltelijk veroorzaakt door de levenslange onderdrukking van haar voortplantings- en scheppingsenergieën.

Nadat Jean een retraite had bijgewoond en zich aan de tien geheimen had gehouden, was ze in staat haar rigiditeit los te laten. Ze begon het geschenk dat het leven is te waarderen en herontdekte haar verbondenheid met de natuur. Ze ging naakt poseren voor kunstfotografen en leerde op haar vijfenzestigste buikdansen, waarna ze uiteindelijk zelf buikdansdocente werd. Ze had het gevoel dat ze jonger in plaats van ouder werd en beleefde een volledige fysieke, geestelijke en spirituele wedergeboorte. Jeans 'gouden jaren' werden inderdaad jaren van goud.

In welke fase je ook verkeert, of wat voor soort leven je ook leidt, je hebt onbeperkte mogelijkheden om jezelf te transformeren. Je verhaallijn heeft je gebracht waar je nu bent, maar ze hoeft je niet te blijven bepalen. Tijdens mijn vruchtbaarheidsretraites vertellen vrouwen op de eerste dag hun verhaal. Vervolgens leren ze de beperkingen van hun verhaal te ontstijgen en het los te laten. Jij bent al begonnen het licht van bewustzijn in je tempel te laten schijnen – nu is het tijd om hem te herbouwen. De rest van dit boek laat je zien hoe je beperkende muren kunt neerhalen, de jaloezieën kunt openen, het meubilair anders kunt neerzetten en een nieuw levensplan kunt ontwikkelen – in het paleis waartoe je altijd al was voorbestemd.

Door de loop van de natuur
wordt troebel water helder.
Door het zich ontvouwen van het leven
bereikt de mens volmaaktheid.
Door aanhoudende activiteit
wordt die opperste rust vanzelf gevonden.
Zij die tao hebben, willen niets anders.
Hoewel schijnbaar leeg,
zijn ze altijd vol.
Hoewel schijnbaar oud,
zijn ze buiten het bereik van geboorte en dood.
— Tao Te Tjing

Deel II

*De tien eeuwenoude Chinese geheimen
om stress te verlichten,
meer energie te krijgen
en je bestemming te bereiken*

Geheim 1

Breng je lichamelijke, emotionele en spirituele energie in evenwicht

和 HARMONIE

Onze beker is de volle maan; onze wijn is de zon.
— IBN AL-FARID

Vrouwen zijn geen machines; we zijn afgestemd op de ritmen van de natuur en handelen naar de wetten van de natuur. Zoals filosoof Zhuang Zi (Tsjwang Tse) in de 2de eeuw voor onze jaartelling schreef: 'Hemel, aarde en ik zijn één, en alle dingen en ik vormen een onscheidbare eenheid.' We zijn met de natuur verbonden via een onzichtbaar web dat oorzaak met gevolg verenigt, substantie met substantie, en energie met energie. Wanneer we ons aan de wetten van het universum houden, gebruiken en ontketenen we ongelooflijke helende en scheppende krachten. We scheppen het leven dat we ons wensen.

Energie in evenwicht houden vormt de basis van de gehele traditionele Chinese geneeskunde en van alle Chinese gezondheidsoefeningen. Zoals je in het vorige hoofdstuk hebt gelezen, ben je in feite energie – dezelfde energie die in de zon brandt en in de oceaan stroomt. In het begin begreep ik dit idee zelf niet. Toen ik pas traditionele Chinese geneeskunde studeerde, ging ik zelfs met een van mijn hoogleraren in debat over de uitwisselbare aard van energie en materie. Volgens mijn westerse medische opleiding was een cel een cel, waren laboratoriumuitslagen laboratoriumuitslagen, en was het menselijk lichaam een steeds verslechterend ziekteproces dat alleen maar wachtte tot het een symptoom ging vertonen, zodat de geneeskunde kon ingrijpen. Toen ik mijn Chinese docente om uitleg vroeg, zei ze bescheiden tegen me: 'Misschien moet je alleen maar luisteren, of je zou Einsteins relativiteitstheorie er in de bibliotheek eens op kunnen naslaan.' Dus dwong ik mijn oren tot luisteren en mijn geest om zich open te stellen voor de talloze mogelijkheden waarvoor hij tijdens mijn westerse opvoeding en mijn westerse medische opleiding gesloten was geweest.

Om de Chinese geneeskunde doeltreffend te kunnen praktiseren, moest ik mijn geest blijven openstellen en verder blijven kijken dan de grenzen van wat ik had geleerd. Oorspronkelijk was ik door wat ik over de beperkingen van het lichaam leerde het lichaam en het leven zelf als op de een of andere manier gebrekkig gaan beschouwen. Nu begon ik te onderzoeken wat de levensreacties van mijn patiënten me lieten zien. Terwijl ik vrouwen behandelde als de wonderen die ze zijn, trad er dankzij hun ongelooflijke reacties een verschuiving op in waarnaar ik op zoek was. Wanneer ik op zoek was naar ziekte, vond ik ziekte. Wanneer ik me op gezondheid richtte, kwamen gezonde patronen aan het licht. Daar degenen die voor hulp bij me kwamen vooruitgingen, ontstond er vanuit deze wijsheid een nieuw denkpatroon in mijn eigen leven. Ik leerde aandacht te schenken aan wat het leven probeert, en altijd heeft geprobeerd, me te leren: dat waarop ik me concentreer, is wat ik in mijn leven creëer.

De universele energiekracht

Door mijn oren en mijn geest te openen leerde ik dat menselijke cellen en weefsels via moleculen energie door ons hele lichaam geleiden en overbrengen, en ons zo leven schenken. De Chinezen noemen deze universele energiekracht qi, die in de klassieke Chinese geneeskundige tekst *Neijing* als volgt wordt beschreven.

De oorsprong van het leven, van geboorte en verandering, is Qi;
de talloze dingen van hemel en aarde gehoorzamen alle deze wet.
Zo omhult Qi in de periferie hemel en aarde, Qi in het inwendige
activeert ze. De bron waaruit de zon, maan en sterren hun licht
putten, de donder, regen, wind en wolken hun bestaan, de vier sei-
zoenen en de talloze dingen hun geboorte, groei, oogst en opslag: dit
alles wordt door Qi veroorzaakt. Het leven van de mens is volledig
afhankelijk van dit Qi...

Laten we onze ogen openen voor het mysterieuze wonder van
energie.
De oorsprong van het leven, van geboorte en verandering, is Qi...

In het menselijk lichaam openbaart qi zich op een aantal verschillende manieren. Ten eerste is het een soort bio-elektrische kracht die door een uitgebreid netwerk van kanalen, die *meridianen* worden genoemd, door het hele lichaam wordt getransporteerd. Deze kanalen, die worden gevormd door overblijfselen van kiembladen, kunnen niet met het blote oog worden gezien, maar zijn in de loop van duizenden jaren via waarneming en proefneming in kaart gebracht door oosterse artsen, en ze kunnen worden gevoeld wanneer je je afstemt op de subtiliteiten op de achtergrond van het leven. Druk uitoefenen of je aandacht richten op verschillende punten langs de meridianen veroorzaakt *meetbare, aantoonbare uitwerkingen* in verschillende lichaamsdelen, organen en stelsels.

Ten tweede wordt qi in het lichaam omgezet in vloeistoffen en de vitale substanties yin, yang en bloed die het lichaam doen functioneren. Elke vloeistof en substantie doet in de verschillende orgaanstelsels haar werk om energie door het hele lichaam te transporteren en om te helpen alles wat we innemen – lucht, water en voedsel – om te zetten in de voeding die ons lichaam nodig heeft. Vervolgens vervoeren deze vloeistoffen en substanties de voeding naar onze organen, cellen en stelsels, en later verwijderen ze die uit ons lichaam.

Ten derde maakt qi deel uit van onze verschillende organen en systemen. Dit houdt in dat specifieke acupunctuurpunten gebruikt kunnen worden om specifieke organen te behandelen. Hartqi beweegt zich bijvoorbeeld door een kanaal dat naar de borst loopt, langs de binnenkant van de armen naar beneden, naar het puntje van de pinken. Wanneer je intentie, acupressuur, naalden, magneten of zelfs je eigen adem op deze posities richt, zal dat het stromen van qi door de meridiaan beïnvloeden en vervolgens het functioneren van het hart en de ziel, die erdoor geregeerd worden. Hoewel energie niet kan worden gezien of gehoord, bepalen de uitwerkingen ervan onze gezondheid of ziekte. Als energie geblokkeerd wordt, kan ze niet stromen, en als ze niet kan stromen, wordt het functioneren belemmerd en ontstaat er ziekte, op fysiek, emotioneel of spiritueel niveau.

Toen ik met mijn werk op het gebied van vruchtbaarheid begon, was mijn oorspronkelijke doel vrouwen helpen hun geblokkeerde qi vrij te maken om hen te helpen zwanger te worden. Nadat ik in de loop der jaren met duizenden vrouwen gewerkt had, besefte ik echter dat voorheen onvruchtbare vrouwen niet alleen vruchtbaar waren geworden, maar dat ook hun fysieke en emotionele blokkades waren verdwenen. Hun leven veranderde en verbeterde. Ze verhuisden, gingen andere beroepen uitoefenen, kregen nieuwe ideeën en maakten zich zelfs los van partners die hen niet steunden in wat goed voor hen was. Het was duidelijk dat ze hun scheppende energie op vele manieren tot uitdrukking brachten en dat ze niet langer genoegen namen met minder dan ze verdienden.

Bij Helena ontstonden eierstokcysten toen zij en haar man Thad probeerden een tweede kind te krijgen. Haar lichaam gaf haar een teken, en ze leerde ernaar te luisteren. Ze ontdekte ongezonde patronen in haar huwelijk, en ze dacht onbewust dat als ze een zoon kregen, haar man haar meer zou steunen en meer aandacht zou schenken aan hun vierjarige dochter Megan. Toen Helena en Thad zich ervoor gingen inzetten om iets aan de ongezonde gezinspatronen te doen, kwam Helena erachter dat Thad geen tweede kind wilde, omdat hij het al financieel belastend vond om in het levensonderhoud van Helena en Megan te voorzien. Ze concludeerden dat een zoon niets zou oplossen, en toen ze eenmaal beter met elkaar communiceerden en elkaar meer steunden, gedijde het gezinnetje en verdwenen Helena's eierstokcysten. Het jaar erop adopteerden Helena en Thad de ongewenste zoon van een jongere nicht.

Wanneer energie vrij mag stromen, is het mogelijk zowel een goede gezondheid als welzijn te scheppen. Zelfs emoties als woede kunnen geblokkeerd zijn of vrijelijk stromen. Wanneer woede op een goede manier wordt geuit, verbetert ze in feite onze reacties op negatieve gebeurtenissen, zoals bepaalde soorten kanker. In een passend kader geuite woede is gezond en noodzakelijk. Vrij stromende energie versterkt de spieren, ontgift de lever en zuivert de huid. Als energie geblokkeerd wordt, kan het groeiproces echter tot tumoren of kanker leiden – alle ziekten worden veroorzaakt door tegen onze scheppende aard in te gaan. Wanneer bijvoorbeeld de bloedsomloop geblokkeerd wordt, leidt dat tot een aandoening die bloedstasis wordt genoemd en waardoor het lichaam snel last krijgt van spataderen, bindweefselgezwellen en potentieel dodelijke bloedproppen. Wanneer een emotie als woede wordt geblokkeerd, wordt je gezicht rood, kun je het gevoel hebben dat je bloed kookt, en worden bloedvaatjes in je ogen rood en raken verstopt. Na verloop van tijd kan uit gewoonte ingehouden woede de oorzaak worden van migraine, hoge bloeddruk en beroerten. Wanneer de stasis echter verdwenen is, leidt dat tot een emotionele toestand die de Grieken extase noemden. We moeten gestagneerde energie, waar we deze ook aantreffen, vrijmaken om het natuurlijk evenwicht van het lichaam te herstellen en op een gezonder en stressvrij niveau te leven.

Qi weer in evenwicht brengen

In hoofdstuk 1 heb ik de horizontale en verticale energierasters van het lichaam besproken en heb ik de vijf energieaspecten in de vorm van een kruis weergegeven, evenals hieronder voorgesteld als een bloem met vier bloembladen. Om je geheugen op te frissen: de onderkant van het kruis, het bron- of 'essentie'-niveau, gesymboliseerd door water, is ons fysieke, diepste, dichtste niveau. De armen van het kruis, gesymboliseerd door hout, aarde en metaal, het geest- of 'qi'-niveau, stelt voor hoe we de opvattingen van onze ziel en emoties uitdragen terwijl we met de wereld in wisselwerking treden. De bovenkant van het kruis, het zielniveau, gesymboliseerd door vuur, staat voor de hoogste zijnstoestand. Rust en vreugde ontstaan door het fysieke zelf in evenwicht te brengen met de geest en de ziel.

Het kruis kan ook laten zien hoe elk van de vijf energieaspecten een overeenkomstige fysieke, mentale, emotionele en spirituele component heeft.

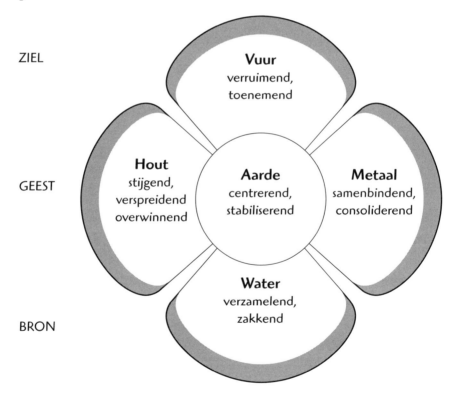

- **De verzamelende, zakkende energieën** symboliseren onze fundamentele overlevingsinstincten. Om deze bronenergieën te maximaliseren en in evenwicht te houden kun je jezelf de volgende vragen stellen.
    1. Hoe vaak gun ik mezelf tijd om alleen te zijn? (Zorg ervoor dat je jezelf elke dag wat tijd gunt.)
    2. Hoe vaak mediteer ik of stel ik mijn geest in staat zich te ontspannen bij een hobby of een plezierige onderneming?
    3. Wat is mijn mening over mezelf, los van mijn baan, vrienden, partnerrelatie of status? (Beoordeel dit wekelijks.)
    4. Houd ik op de eerste plaats van mezelf?

- **De stijgende, verspreidende energieën** symboliseren ons vermogen weerstand te overwinnen tegen dingen die ons in slechte patronen vasthouden. Stel jezelf om deze geestenergieën te maximaliseren en in evenwicht te houden de volgende vragen.
    1. Welke aspecten van mijn leven verdraag ik gewoon maar omdat het te veel inspanning vergt om ze te veranderen?
    2. Welke aspecten van mijn leven houden me vast?
    3. Welke aspecten kan ik veranderen?

- **De centrerende, stabiliserende energieën** bepalen wat we in ons leven toelaten. Om ze te maximaliseren en in evenwicht te houden stel je jezelf de volgende vragen.
    1. Door welke aangeboren eigenschappen word ik bepaald?
    2. Wie of wat ondersteunt deze eigenschappen of doet dat niet?
    3. Moet ik actie ondernemen?

- **De consoliderende, samenbindende energieën** binden ons aan mensen, plaatsen, dingen en situaties, en geven ons een gevoel van orde en controle. Om ze te maximaliseren en in evenwicht te houden vraag je het volgende.
    1. Door welke relaties word ik bepaald? (Idealiter heel weinig.)

2. Welke mensen, plaatsen, dingen of situaties moet ik loslaten?
   3. Welke maskers van zelfidentiteit ben ik bereid te laten vallen?

- **De verruimende, toenemende energieën**, die meestal verborgen worden door blokkades in andere aspecten, zijn aangeboren uitingen van de inherente hoop, liefde en levensvreugde. Om deze zielenergieën te maximaliseren en in evenwicht te brengen vraag je je het volgende af.
   1. Welke activiteiten stellen me in staat mezelf helemaal te verliezen of het besef van tijd kwijt te raken?
   2. Hoe uit ik pure levensblijheid?
   3. Van wie kan ik houden zonder iets terug te hoeven krijgen?

Energie in het lichaam in evenwicht brengen

Nu gaan we op weer een andere manier naar het raster kijken om te leren hoe energieblokkades een negatieve invloed op orgaanstelsels kunnen hebben. Deze oefeningen zullen je helpen te beoordelen of energiesystemen soepel en optimaal functioneren. Als je libido bijvoorbeeld sterk is maar je opvliegers hebt, kom je waarschijnlijk nieryin tekort. Of je krijgt misschien te veel hitte uit een andere bron.

Voorlopig stellen we echter alleen maar vast of er onevenwichtigheden zijn, we interpreteren niet wat ze betekenen. Er zijn geen goede of foute antwoorden. De vragen zijn bedoeld om je bewuster te maken van de vijf energiesystemen.

Als je antwoorden op onevenwichtigheid duiden, zul je in de volgende hoofdstukken de sleutels vinden om geblokkeerde energieën te bevrijden.

Het functioneren van de organen wordt door de vijf energie-elementen bepaald.

Het **bronniveau**, voorgesteld door **water** en het nierstelsel, regeert onze seksuele energieën, onze hormoonproductie en onze vloeistofeliminatie. Om geblokkeerde nierenergieën te ontdekken, kun je jezelf de volgende vragen stellen.

1. Hoe goed raak ik lichaamsvloeistof kwijt?
2. Heb ik moeite om mijn urine op te houden, urineer ik te vaak (meer dan zeven keer per dag), of word ik 's nachts wakker van de drang om te urineren?
3. Is mijn libido sterk genoeg voor me?
4. Heb ik last van opvliegers en nachtzweten?
5. Voel ik pijn of zwakheid in mijn structurele fundering (mijn onderrug of knieën)?

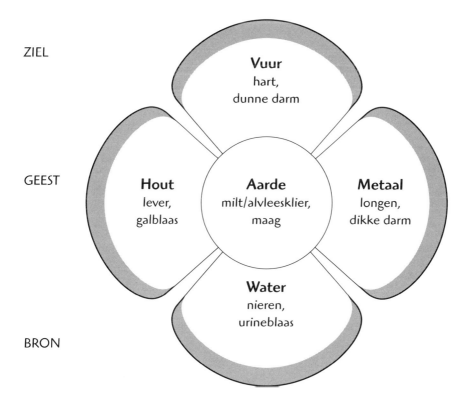

Het **geestniveau** wordt voorgesteld door hout, aarde en metaal. **Hout** regeert het leverstelsel, dat toezicht houdt op ons vermogen inwendige stress te overwinnen. Om geblokkeerde leverenergieën te ontdekken stel je jezelf de volgende vragen.
1. Hoe goed verwerkt mijn lichaam nieuwe veranderingen?
2. Ben ik geneigd lang aan lichamelijke kwalen vast te houden?
3. Lijkt het erop dat sommige gebieden in mijn lichaam gewoon niet gemakkelijk functioneren?
4. Hoe kan ik me aangenamer bewegen?
5. Zijn mijn pezen en gewrichten stijf?
6. Heb ik het gevoel dat mijn lichaam ontstopt en ontgift moet worden?

Het **aarde-aspect** van het **geestniveau** wordt ook door de milt voorgesteld, die de spijsvertering, absorptie en bloedproductie regeert. Om geblokkeerde miltenergieën te ontdekken, stel je jezelf de volgende vragen.
1. Hoe is mijn spijsvertering?
2. Hoeveel keer kauw ik voordat ik doorslik?
3. Krijg ik voldoende voedingsstoffen binnen?
4. Slik ik voedingssupplementen?
5. Bewegen mijn spieren goed?
6. Neem ik elke dag lichaamsbeweging?

Het **metaalaspect** van het **geestniveau** wordt ook voorgesteld door de longen, die bepalen hoe goed we tegen de externe omgeving worden beschermd en ervan worden gescheiden. Ze regeren eliminatie en loslaten van oude cellen, alsook van versleten relaties en patronen. Om geblokkeerde longenergieën te ontdekken vraag je je het volgende af.
1. Hoe diep haal ik adem? Zet mijn buik uit wanneer ik inadem of blijft de adem boven, in mijn borst?
2. Van wat of wie vind ik het moeilijk om het of hem of haar los te laten?

3. Geef ik mijn huid peelings, ga ik naar de sauna of borstel ik mijn huid?
4. Heb ik iedere dag ontlasting?
5. Krijg ik genoeg vezels binnen?

Het **zielniveau** wordt gesymboliseerd door het hart, dat het hoogste zelf voorstelt dat met anderen wil delen en zich in de wereld tot uitdrukking wil brengen. Om geblokkeerde hartenergieën te ontdekken vraag je het volgende.
1. Voel ik me ongerust en ongeduldig?
2. Slaat mijn hart in perioden van stress snel of onregelmatig?
3. Mag ik me van mezelf ontspannen en alleen maar zijn?

Emoties in evenwicht brengen

Kijk nu nog eens naar het raster om te begrijpen hoe energieblokkades een negatieve invloed op emoties kunnen hebben.

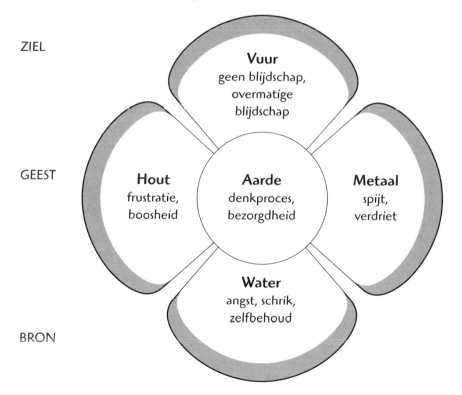

Om te zien welk energieniveau – bron, geest of ziel – geblokkeerd wordt en je de meeste moeilijkheden bezorgt, denk je na over de volgende vragen.

- **Bron** – nierenergieën
    1. Ben ik bang dat ik alleen niet genoeg ben?
    2. Ben ik het waard geschapen te zijn?

- **Geest** – leverenergieën
    1. Raak ik gemakkelijk gefrustreerd?
    2. Ben ik tot boosheid, wrok of razernij geneigd?

- **Geest** – miltenergieën
    1. Heb ik het gevoel dat mijn geest maar blijft malen?
    2. Maak ik me vaak zorgen?

- **Geest** – longenergieën
    1. Voel ik aanhoudende spijt over dingen uit mijn verleden?
    2. Zijn er vroegere verliezen waar ik maar niet overheen schijn te komen?
    3. Is het moeilijk om los te laten en verder te gaan?

- **Ziel** – hartenergieën
    1. Van wie of wat houd ik ten volle?
    2. Ervaar ik blijdschap in mijn leven?
    3. Kan ik naar een bloem kijken, frisse lucht ruiken en de onmetelijkheid van de schepping voelen, of vind ik het moeilijk om mezelf te vergeten?
    4. Heb ik soms behoefte aan overmatige opwinding?

Spirituele energieën in evenwicht brengen

Kijk nu naar het rooster om te begrijpen hoe energieblokkades een negatieve invloed op het spirituele zelf kunnen hebben.

- **Bron** – nierenergieën
  1. Heb ik het gevoel dat ik een bestemming of een hoger doel heb?
  2. Hoe bewijs ik mijn bestemming of doel eer?
  3. Hoe erken ik mijn aangeboren zelf, de reden waarom ik ben geboren?

- **Geest** – leverenergieën
  1. Hoe actief is mijn fantasie?
  2. Droom ik en volg ik mijn intuïtie?
  3. Heb ik doelen en aspiraties?
  4. Heb ik het gevoel dat ik meer ben dan alleen maar mijn stoffelijk lichaam?

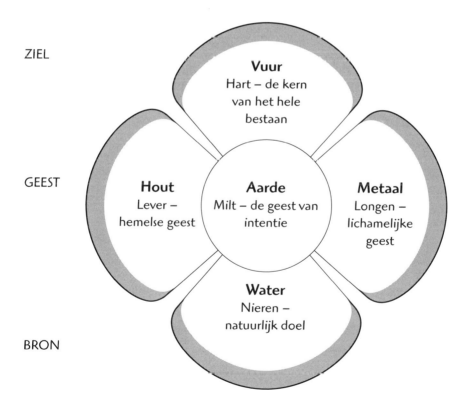

❂ **Geest** – miltenergieën
1. Kan ik me voorstellen dat ik de kracht van intentie gebruik om mijn leven precies zo vorm te geven als ik wil in plaats van mijn leven te laten beheersen door mijn gedachten?
2. Mag ik me van mezelf op het hier en nu richten en concentreren?
3. Kan ik naar een zonsondergang kijken zonder dat ik afgeleid word door gedachten aan iets anders?
4. Eet ik bewust, schenk ik aandacht aan wat ik in mijn lichaam toelaat?
5. Leef ik bewust, schenk ik aandacht aan wat ik in mijn zijnssfeer toelaat?

❂ **Geest** – longenergieën
1. Hoe verbonden voel ik me met de rest van de wereld?
2. Kan ik anderen deelgenoot maken van mijn diepste zelf zonder me aan hen te binden?
3. Hoeveel ongezonde relaties kan ik loslaten?
4. Hoe geef ik mijn pogingen om het resultaat van dingen te bepalen op?
5. Heb ik ooit pure verlatenheid gevoeld?

❂ **Ziel** – Hartenergieën
1. Kan ik dansen van blijdschap?
2. Kan ik van iemand houden zonder te eisen dat deze persoon ook van mij houdt?
3. Kan ik de inherente blijdschap van het leven ten volle leven op waarde schatten?

Je hebt nu een idee gekregen van hoe de energie in jouw leven stroomt. Sommige energieën zijn misschien in evenwicht, en over die gebieden ben je dan wellicht tevreden, maar in andere gebieden zijn misschien geblokkeerde energiepatronen aan het licht gekomen. In bepaalde gebieden heb je mogelijk belangrijke blokkades ontdekt die moeilijk of onmogelijk te corrigeren lijken. Paradoxaal genoeg begint daar genezing. Zelfbewustzijn brengt het transformatieproces op gang.

De energie heeft een richtinggevende component, omdat ze in je stoffelijk lichaam is samengetrokken, dus ze openbaart zich in de organen, emoties en energieën van de ziel, zoals het kruis van bloembladeren op de volgende pagina laat zien, waarin ze allemaal samen zijn gegroepeerd.

In de volgende hoofdstukken ga ik wat ik hier heb besproken uitbreiden met informatie over levensstijlveranderingen en meditatieoefeningen die je zullen helpen de onevenwichtige aspecten die je hebt ontdekt los te maken en in balans te brengen, zodat ze gestaag en onbelemmerd door je hele lichaam, geest en ziel kunnen stromen.

Dit is het wonder van het leven:
dat iedere persoon die acht slaat op zichzelf
weet wat geen wetenschapper ooit kan weten:
wie hij is.

- Søren Kierkegaard

Geheim 2

Sta jezelf toe te zijn wie je bent

意 TEVREDENHEID

*Probeer in plaats van een berg
het dal van het universum te zijn,
zodat alle dingen naar je toe zullen komen.*
— LAO ZI

*E*motionele en fysieke onevenwichtigheid ontstaat voor een groot deel door weerstand te bieden aan je natuurlijke zelf. Veel vrouwen streven er hun hele leven naar de vrouwen te evenaren die de maatschappij als ideaal beschouwt. De media overspoelen ons met beelden van heel magere modellen met smalle heupen, een nog smaller middel en grote borstimplantaten, en geven ons zo de boodschap dat we niet goed genoeg zijn zoals we zijn, dat niemand perfect is. Deze moderne visie heeft zich ontwikkeld vanuit de scheppingsvreugde van de mode-industrie en degenen die haar volgen. De overheersende esthetiek is tijdens de voortdurende zoektocht naar de nieuwe mode steeds verder van de natuurlijke schoonheid van vrouwen afgedwaald. Vrouwen zijn zacht en hebben rondingen, het zijn dalen die kunnen ontvangen, sterk verbonden met het leven. Met veel moeite een onbereikbaar ideaal nastreven leidt tot stress en pijn.

Tevredenheid begint wanneer je je allerdiepste zelf accepteert, wanneer je natuurlijke zelf er van je mag zijn. En wanneer je geluk in het heden vindt, kan er nog meer geluk naar je toe komen. De Chinese filosofie beweert dat water, het universele bronelement, je het natuurlijke potentieel schenkt om te scheppen – kunst, ideeën, huizen, technologische vooruitgang, geluk, boeken, gereedschappen, baby's – en om tevreden te leven.

Water is de moeder van het universum, de eigenlijke bron van het bestaan. Kijk alleen maar eens naar de talloze vormen waarin water zich openbaart: een druppeltje mist, een bruisende beek, frisse schone regen, een kolkende rivier, een waterval, een diepe oceaan, een gletsjer, ochtenddauw. Het is de aard van water om met een onbreekbare kracht te ontvangen en te verenigen, te scheiden en te verbinden. Water is het enige element dat van vorm verandert en altijd dieper gaat, het erodeert zelfs de hardste oppervlakken.

In het lichaam wordt water door de nieren geregeerd. In de *Neijing*, de klassieke Chinese geneeskundige tekst, staat: 'De nieren zijn verantwoordelijk voor de schepping van krachten. Bekwaamheid en talent komen eruit voort.' De nieren symboliseren de sterkte van de levenskracht en de fundering van het yin en yang van het lichaam.

Innerlijke rust ontwikkelen

Volgens Chinese legenden heeft het Oorspronkelijke Vat het universum geschapen. Vanuit de wervelende kosmische gelukzaligheid van de oerchaos voelde het Oorspronkelijke Vat de drang om te worden. Deze drang veroorzaakte versplintering: alles wat licht was, werd gescheiden van alles wat donker was. Hemel en aarde werden bij deze versplintering geschapen en gescheiden. Het licht steeg op en het donker zonk, met als gevolg spanning tussen de twee tegenpolen.

Het Oorspronkelijke Vat offerde zich op om al wat er is te worden.

Het oude loste in het nieuwe op, waardoor polariteiten, of tegengestelde krachten, ontstonden die op hun beurt frictie veroorzaakten. De heelheid versplinterde en transformeerde zich tot afzonderlijke en gescheiden delen.

Zo begint het scheppingsverhaal. Maar nadat de delen in afzonderlijke manifestaties van mogelijkheden gescheiden zijn, moeten ze opnieuw geïntegreerd worden om ervoor te zorgen dat het scheppingsproces voortduurt en om volledige chaos te voorkomen. Terwijl de schepping zich tot een hogere zijnstoestand ontwikkelt, wordt er voortdurend opnieuw een hogere orde gevestigd. Terwijl we echter naar dat hogere niveau op weg zijn, blijft er enige chaos bestaan. Het taoïstische alchemieproces vraagt ons om het licht van bewustzijn moedig op onze innerlijke chaos te laten schijnen en de aanwezigheid ervan te aanvaarden, zodat hij tot innerlijke wijsheid kan worden getransformeerd. Door te oefenen is het mogelijk je op je ware innerlijke stem te concentreren en vermeende beperkingen en pijnlijke herinneringen te transcenderen, omdat je er authentiek en zonder vrees naar kijkt.

Onze bron- of nierenergieën helpen ons om naar dat hogere zijnsniveau te gaan. Het is het mogelijkheidszaad.

De nieren worden voorgesteld als een strakke potentieelspiraal die zich met de geest en de ziel verenigt. Zoals een dagbloem zich elke ochtend vanuit een strakke spiraal tot een bloem met vijf blaadjes ontwikkelt, zo verruimt ook ons ware wezen zich en wordt blij, gedragen op de stroom van onze bruisende bronenergieën.

 ## De drie niveaus van waterenergieën

De waterenergieën drukken zich op drie verschillende niveaus uit. Het is mogelijk vast te stellen of je waterenergieën onevenwichtig zijn, en de eenvoudige oefeningen die ik voorstel kunnen je helpen ze weer in harmonie te brengen.

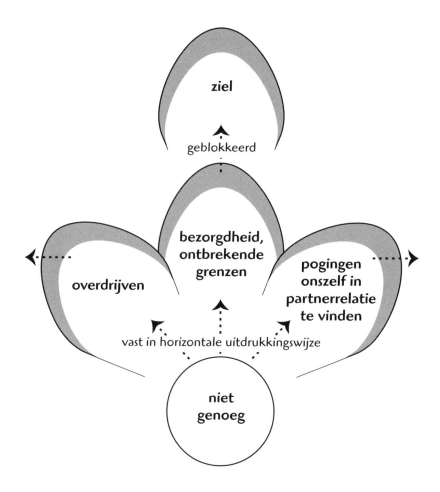

Het laagste niveau – geloven dat je niet genoeg bent

Het laagste niveau van de bronenergieën is het deel dat je voor anderen verbergt. Dit niveau omvat de modder op de bodem van je wezen, de overgebleven chaos die je zegt: 'Ik ben niet genoeg. Ik ben ontoereikend en moet mezelf bewijzen.' Maar deze smerige modder is de brandstof voor transformatie. Door de modder te ontdekken en onder ogen te zien kun je er kracht uit putten en beginnen je doel in je leven tot uitdrukking te brengen.

Ik heb het grootste deel van mijn leven op dit eerste bronenergieniveau geleefd. Ik voelde me waardeloos en moest mezelf voortdurend bewijzen. Maar op een dag bereikte ik een breekpunt en ik kon niet langer voor mezelf weglopen. Toen ik gedwongen werd mijn eigen diepten te verkennen, raakte mijn lege vat gevuld vanuit de bruisende bron in mijn binnenste, en er viel me een gebed in dat ik vele jaren eerder had gehoord: 'Verlos me van de slavernij van het zelf.' Dat gebed bracht een stroom van kracht in me op gang en ik had plotseling de behoefte om te rennen. Terwijl ik naar de badkamer rende, bad ik hardop. In de badkamer ging ik in foetushouding op de grond liggen. Uitgeput ging ik naar de diepten van mijn duisternis. Daar vond ik rust. Ik hoorde een stem diep vanbinnen die luider was dan de stemmen van mijn ouders en vrienden en partners die ik had toegestaan mijn zelf te overstemmen.

Die innerlijke stem zei gewoon tegen me: 'Je bent waardevol.' Maar die boodschap veranderde mijn leven. Mijn fundering herstructureerde zich. Ik werd door een gevoel van vrede overspoeld en dat gevoel veranderde de manier waarop ik naar alles keek. Ik besefte dat ik waardevol was – omdat ik leefde en ademde had ik waarde, iets dat ik tot dat verschrikkelijke, wanhopige, grandioos magnifieke moment niet had geweten.

Het tweede niveau – authentiek leven

Marjories middelbare leven was zó op echtgenote en moeder zijn gericht dat haar hele zelfgevoel verbonden was met het welzijn van haar man en twee zonen. Binnen twee jaar, zeer moeilijke jaren, gingen haar zonen het huis uit en liet haar man zich van haar scheiden. Ze voelde zich volslagen alleen en had er geen idee van wie ze was of wat ze met haar leven aan moest. Marjorie was wanhopig toen haar vertrouwde leven voorbij was. Op haar negenenveertigste vond ze een baan als schoolsecretaresse en huurde een flat. Toen ze niet meer depressief was, merkte ze dat ze zich aangetrokken voelde tot muziek. Als meisje was ze een voortreffelijke pianiste geweest, maar haar was verteld dat ze met pianospelen niet haar brood zou kunnen verdienen. Ze nam zangles, dat mocht ze nu van zichzelf, en toen ze het zich kon veroorloven, leerde ze gitaar spelen. Ze verdient haar brood nu als zangeres en motiveert zo andere vrouwen hun innerlijke hartstocht te ontdekken.

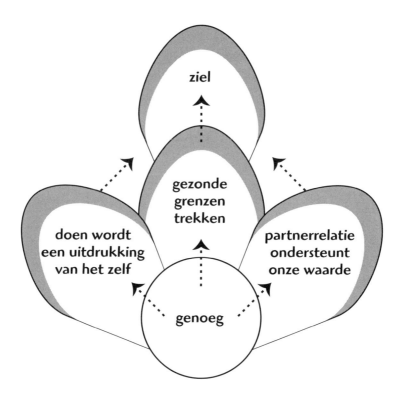

Het tweede zijnsniveau ontstaat vanuit aanvaarding van de waarheid dat je genoeg bent. Op het tweede niveau leef je in overvloed. Alles wat je doet, weerspiegelt je innerlijk wezen. Op dit niveau breng je je doel in je leven tot uitdrukking; of het nu greppels graven is of mooie muziek schrijven, je doet het met een sterk zelfgevoel en met al je creativiteit en kracht. Op dit niveau begrijp je dat je niet langer iets kunt doen dat je ware natuur in gevaar brengt. Je kunt niet bij een partner of werkgever blijven die je niet met respect behandelt. Je steunt je diepste zelf met een gevoel van toereikendheid en aanvaarding. Zoals Mary Oliver in haar gedicht *The Journey* zegt:

> *... en er was een nieuwe stem*
> *die je langzaam*
> *als je eigen stem herkende, die*
> *je gezelschap hield*
> *terwijl je steeds dieper*

de wereld in beende,
vastbesloten het enige
te doen wat je kon doen –
vastbesloten om het enige
leven te redden dat je kon redden.

Het hoogste niveau – overvloed tot uitdrukking brengen
Door de hele geschiedenis heen bezaten invloedrijke vrouwen als Pocahontas, Jeanne d'Arc, Susan B. Anthony, Anaïs Nin, Florence Nightingale, Helen Keller en Indira Gandhi een natuurlijke kracht die hun de macht gaf om hun wereld en degenen om hen heen te veranderen. We hebben die kracht allemaal, maar we weten niet allemaal dat we haar bezitten.

Op het derde niveau stroom je over van je eigen kracht. Je wordt een bron van onbeperkte kracht, als een geiser. Je ware innerlijke zelf verbindt je met je ziel en je raakt afgestemd op de hoogste energieën van het universum. Op het derde niveau ben je voortdurend voldaan en blij. Omdat je de kern van je wezen voedt, blijf je gezond en vertoon je de hoogste zijnstoestand – fysiek, mentaal, emotioneel en spiritueel.

De onevenwichtigheden van je waterenergieën ontdekken

Wie we zijn hangt af van het diepste aspect van onze nierenergieën, ons levensdoel en onze levensbestemming. Wanneer water kalm is, reflecteert het diepe innerlijke harmonie. Onevenwichtige nierenergieën kunnen als gebrek aan eigenliefde, aan doelen of aan seksuele energie tot uitdrukking komen. Lichamelijke symptomen van algemene nieronevenwichtigheid zijn onder andere zwakheid, gevoeligheid, en pijn in de onderrug en knieën, waar het nierkanaal loopt. Mensen met afnemende nierenergieën zullen vaak donkere kringen onder hun ogen hebben. Nierzwakte kan verder gedifferentieerd worden in een yintekort van de nieren, dat gepaard kan gaan

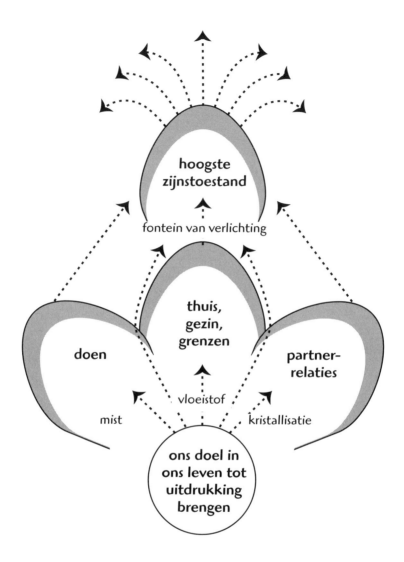

met tekenen van vaginale droogte, droge ogen, voortijdig grijs haar, duizeligheid, oorsuizingen, opvliegers en nachtzweten, terwijl een tekort aan yangenergieën kan leiden tot symptomen als laag libido, overvloedige vaginale afscheiding, frequente waterige urinelozing, urgente dunne ontlasting 's ochtends vroeg, doffe menstruatiekramp, koude handen en voeten en het meestal koud hebben.

Als je vermoedt dat je deze onevenwichtigheden hebt, betekent dat niet dat je naar een arts moet rennen, maar wel dat je voor je fundering, je nieren, moet zorgen door angsten onder ogen te zien en naar binnen te kijken. Waterenergieën dienen dagelijks aangevuld te worden om de innerlijke bron blijvend te laten stromen. Kies ervoor jezelf niet uit te putten door op stresshormonen altijd maar bezig te blijven, maar word stil, als een stilstaande vijver, en trek je even terug uit de wereld.

 ## Je waterenergieën versterken

Als je hebt vastgesteld dat je waterenergieën ondersteuning nodig hebben, zullen de volgende oefeningen je helpen om te beoordelen wat er mis mee is, om je ermee te verbinden en om hun kracht te ontketenen. Bovendien steunt het eten van voedingsmiddelen als pompoenzaden en alfalfa (zaden en kiemen hebben een onmetelijk energiepotentieel en voeden onze fundering) de essentie van de nieren, evenals het slikken van vitamine B en colloïdale mineralen. Als je hormonen een neergaande lijn vertonen, iets dat blijkt uit een onregelmatige menstruatiecyclus of weinig zin in seks, kunnen Chinese kruidentonica helpen. Als je niet vertrouwd bent met plantaardige geneesmiddelen of er aarzelend tegenover staat, zoek dan een goede natuurgenezer die je op kwaliteitsproducten kan wijzen. Raadpleeg eerst een deskundige voordat je een bestaande medische of natuurlijke behandeling met gebruik van geneeskrachtige kruiden uitbreidt, dit om je tegen ongewenste wisselwerkingen te beschermen.

 ## Meditatie: geaard raken

Deze oefening helpt je om je fundering te versterken: je voeten. De meridianen (energiekanalen) die naar de nieren lopen, beginnen aan de onderkant van elke voet, op een punt tussen het midden en de bal van je voet. Terwijl je zit of staat, kun je je nierenergieën intensiteit verlenen door de bruisende bron die hun oorsprong is te voelen en in je lichaam omhoog te halen, zoals wortels water uit de aarde omhoog halen.

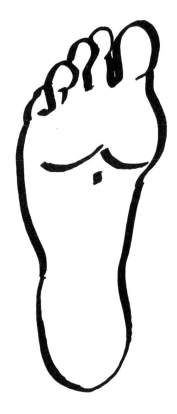

Voet, schematische voorstelling

Schenk aandacht aan de subtiele maar stevige kracht die je met moeder aarde verbindt. Wanneer je de energie eenmaal voelt, ga dan met dat gevoel naar boven, naar je benen, je heiligbeen (de onderkant van de ruggengraat die aan het bekken vastzit) en ruggengraat. Voel hoe de warme, bruisende waterenergie je botten voedt.

Je kunt jezelf nog meer voeding geven door voor je voeten te zorgen – niet door naar de pedicure te gaan, maar door ze een goed gevoel te geven. Loop vaker blootsvoets. Wanneer je op gras loopt, druk dan je tenen in de aarde en voel je verbondenheid met de grond. Geef je voeten 's avonds voordat je naar bed gaat een voetenbad. Behandel je voeten goed, zodat ze het gewicht van de dag kunnen dragen.

Meditatie: contact maken met de bron

Velen van ons zijn energetisch topzwaar: het grootste deel van onze aandacht is boven onze nek geconcentreerd. Deze oefening zal je helpen je bewust te worden van je grootste levensbron, de *dantien*, of het 'vat van essentie' in je onderbuik. Ze zal je aandacht naar de binnenkant van je lichaam verschuiven en je een gevoel van kracht geven dat diep vanbinnen ontstaat.

Verbind je met het centrum van de aarde door met je aandacht naar het bruisende bronpunt aan de onderkant van je voeten te gaan. Concentreer je vervolgens op het gebied een centimeter of vijf onder je navel, het essentievat, waar je baarmoeder zich bevindt. Je krachtigste energie, of qi, zetelt in deze zee van energie diep in je centrum.

Voel hoe je via je essentievat in- en uitademt. Laat je navel je ademhaling leiden en vul je onderbuik met de levensqi. Plaats met gesloten mond het puntje van je tong achter je voortanden aan de bovenkant en adem via je middenlijn omhoog. Ga met je aandacht naar het gebied tussen je vagina en anus. Span daar de perineumspieren en trek energie vanuit het vaginale kanaal omhoog naar en door de voortplantingsorganen heen. Richt je op de levensbron, de baarmoeder, en ga door met inademen, waarbij je je adem een bundel laat vormen terwijl je onderbuik uitzet. Adem in, omhoog, langs je navel, langs je hart, helemaal naar het gebied tussen je wenkbrauwen. Trek aan het einde van de inademing de energie omhoog naar je kruin. Laat terwijl je uitademt qi langs je nek en ruggengraat naar het puntje van je staartbeen stromen. Kantel bij de volgende inademing je heiligbeen naar je perineum en herhaal het circuit. (Opmerking: sommige vrouwen vinden het gemakkelijker om deze stroom om te keren, ze ademen langs de voorkant naar beneden en langs de achterkant omhoog.)

Blijf naar je bekken ademen, waarbij je bij elke ademhaling je onderbuik uitzet en samentrekt en het bekken met frisse, heldere qi vult. Door je energie langs deze microkosmische baan te bewegen zul je levendig worden van de kracht van het universum. Deze reeks aandachtige bewegingen is het doeltreffendst wanneer ze dagelijks

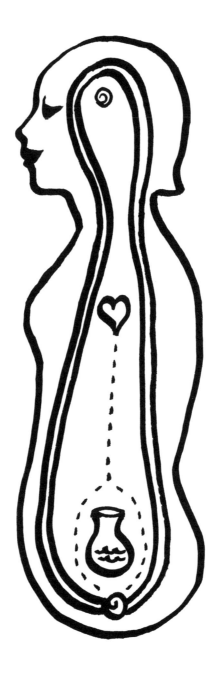

Essentievat, schematische voorstelling

wordt uitgevoerd. Probeer de oefening nu en plan een aantal andere dagen om met je pogingen door te gaan. Uiteindelijk zal de oefening een natuurlijk onderdeel gaan vormen van de rituelen waarmee je voor jezelf zorgt.

Meditatie: je zegeningen tellen

Taoïsten geloven dat de ruggengraat en de hersenen verlengingen van de nierenergieën zijn en dat de ruggengraat heel soepel moet zijn om het gezond functioneren van de nieren te ondersteunen. Doe om je ruggengraat, en dus je nierenergieën, te versterken de volgende oefening.

Je begint bij je staartbeen in gedachten je wervels te tellen, waarbij je elke wervel visualiseert en met je aandacht voedt. De wervels symboliseren je diepste zelf. Vervolgens ga je met je aandacht naar je heiligbeen, dat je heilige seksuele energieën huisvest en de basis van je psychofysieke structuur is. Onder aan het heiligbeen is een gat waardoor enorme hoeveelheden energie trekken. Voel deze energie in de onderkant van je heiligbeen pulseren en voel hoe je heiligbeen naar achteren en naar voren beweegt terwijl je ademt, alsof het ook ademt.

Verschuif je aandacht nu naar de vijf lendenwervels, waarbij je je bewust wordt van hun immense steun. Begroet en voel vervolgens elk van de twaalf borstwervels waaraan je ribben vastzitten om je hart en longen te omhullen. Maak vervolgens contact met de zeven nekwervels die van je nek naar de onderkant van je schedel lopen. Schenk dan aandacht aan je achterhoofd, je slapen en je gezichtsbeenderen. Stel je vervolgens je kruin voor als een opening voor de bruisende bron die door je lichaam beweegt. Laat jezelf een fontein van energie worden die bij je voeten begint en via je hoofd naar buiten komt. Voel de liefde die de fontein meebrengt en waardeer het lichaam, de geest en de ziel die ze voedt. Glimlach innerlijk teder en met heel je wezen.

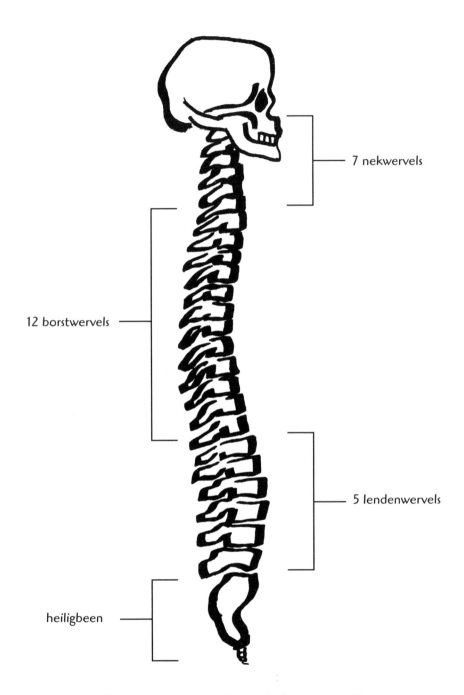

De ruggengraat, schematische voorstelling

Meditatie: de baarmoederademhaling

Deze oefening is vooral nuttig om je te helpen angst los te laten. Er is niets mis met bang zijn, je moet je alleen niet door angst laten beheersen. Angst zorgt ervoor dat het zelf zich terugtrekt en voortdurend alert blijft om zich te beschermen. De remedie is om de angst te onderkennen en ernaartoe te ademen, om rustig naar die donkere, enge plek te gaan, je angst te voelen, ernaar te kijken, je angst te erkennen, te zien zoals hij is en dan los te laten door hem via je neus uit te ademen. Door je energie omlaag te trekken, naar de bron, het essentievat, en vervolgens naar je hoogste zijnstoestand omhoog te trekken, aanvaard je je angst en laat je hem rustig verdwijnen.

Concentreer je adem een centimeter of vijf onder je navel, alsof je via het essentievat in- en uitademt. Stel je terwijl je inademt voor dat je diepte donkerblauw is, de kleur van water, het water dat de nieren regeert. Stel je nu je baarmoeder, een peervormig orgaan waaruit bovenaan de eileiders komen, als een leegte voor die je met de hele kosmos verbindt, een leegte waar de kracht van het universum naar binnen mag. Lokaliseer je baarmoeder en masseer deze. Ga vervolgens met je aandacht naar je eierstokken, die tussen je heupen en schaambeen liggen, diep vanbinnen, en masseer ook deze. Laat je voortplantingsorganen weten dat je om hen geeft door hun scheppende functie te stimuleren. Adem ernaartoe.

Voel terwijl je uitademt je nieren in je onderrug, links en rechts van je ruggengraat, even onder je onderste ribben. Wees in stilte dankbaar voor de energieën van je nieren. Verbind je met hun wijsheid en laat de stress los die je bijnieren uitput.

Yolanda vond de moed om haar angst onder ogen te zien. Toen ze naar haar eerste vruchtbaarheidsretraite kwam, was ze achtenveertig. Ze had het grootste deel van de voorgaande vijf jaar geprobeerd zwanger te worden, nadat ze met een acht jaar jongere man was getrouwd. Ze kwam heel bang naar onze diagnostische bespreking. Terwijl ze haar medische gegevens voor me uitspreidde, vroeg ze me angstig: 'Is het te laat?' Nadat we wat meer de diepte ingegaan waren, zei ik: 'Ja, het is voor jou te laat om op een natuurlijke manier zwanger

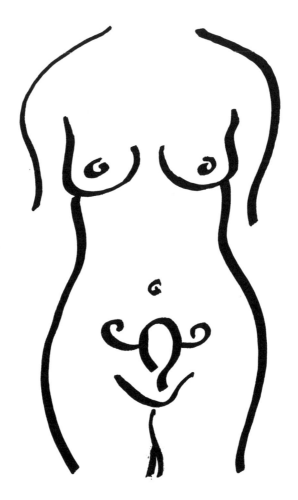

Voortplantingsorganen, schematische voorstelling

te worden.' Ik wist dat dit niet was wat ze wilde horen, maar het was de enige hoop voor haar transformatie.

Hoewel ze moest huilen toen ze besefte dat haar angst werkelijkheid was geworden, was Yolanda uiteindelijk in staat de ijdele innerlijke hoop los te laten en de waarheid te aanvaarden. Door moedig te zijn kon ze ook inzien dat ze, hoewel haar man een kind geven haar levensthema was geweest, omdat ze dacht dat hij dat nodig had om hun toekomst samen compleet te maken, zelf nooit echt een kind had gewild. Dankzij haar moed kon ze zich ook een droom uit haar jeugd herinneren: weeskinderen overal ter wereld helpen. Toen Yolanda haar ware aard en werkelijkheid eenmaal had ontdekt en aanvaard, kon ze haar droom verwezenlijken, en nu werkt ze met weeskinderen. Ze vond en gebruikte de moed om een nieuwe wereld te scheppen.

Jezelf zijn

Wanneer je van jezelf naar je ware innerlijke aard mag leven, stelt je dat in staat je in het leven onder te dompelen, te beminnen, mededogen te tonen, te scheppen en de dingen te aanvaarden zoals ze zijn, waardoor je gemakkelijker voor verbetering openstaat. In veel oude talen bestaat er geen woord voor 'kunstenaar', omdat erkend werd dat we allemaal scheppers zijn. Neem nu even tijd om je je eerste creatieve ervaring te herinneren – ging het om een tekening maken, een zaadje planten, een liedje zingen? Denk vervolgens na over wat je momenteel in je leven schept – wat maak je zichtbaar? Welk iets maak je uit niets? Welke keuzemogelijkheden leg je bloot? Welke energie breng je tot uitdrukking? Zijn je scheppende daden je heilig? Verlevendigen ze je geest? Brengen ze je diepste zelf tot uitdrukking? Ondersteunen ze je hoogste welzijn? Stel jezelf telkens wanneer je aan een onderneming begint deze vragen en word stil, zodat de innerlijke stem die antwoordt luider is dan de externe stemmen die je omringen. Door naar die innerlijke stem te luisteren zul je een rijk leven leiden en je eigen ware fontein van overvloed zijn.

*Kun je qi tot zulke zachtheid concentreren
dat je opnieuw een pasgeborene bent?
Kun je vrouwelijk zijn, de hemelpoort openen en sluiten?
Leven schenken en voeden... zonder te bezitten.*
— LAO ZI

Geheim 3

Ontdek en wees blij met je innerlijke weidsheid

敞   OPENHEID

Aan de geest die stil is,
geeft het hele universum zich over.
— Lao Zi

Wanneer vrouwen zichzelf werkelijk accepteren zoals ze zijn en lekker in hun vel zitten, stellen ze zich open voor iets groters – een gevoel van verwondering en een besef van mogelijkheden. Veel mensen nemen echter meer op hun schouders dan ze op een aangename manier kunnen dragen, in een poging gevoelens van gemis te dempen, de beschaamde bezorgdheid dat ze niet goed genoeg zijn. Maar door excessief bezig te blijven met stressvolle banen, relaties en routines maken ze nare gevoelens, stress en uitputting alleen maar erger, iets waaronder hun gezondheid vaak lijdt. Veel vrouwen negeren de boodschappen van hun lichaam tot het leven hen dwingt, door pijn of ziekte, echt goed voor zichzelf te zorgen.

In het leven van alledag betekent dit een activiteit, een relatie of een baan loslaten. Innerlijk kan dit betekenen dat we onze aandacht naar binnen richten om spanning die wordt binnengehouden vrij te laten, dat we ons op onze hogere aard afstemmen door ons op onze eigen gezondheid en welzijn te concentreren, terwijl we de buitenwereld voor zichzelf laten zorgen. Door dankbaar te zijn voor de patronen die ons in het verleden goed hebben gedaan en door patronen waaraan we niets meer hebben los te laten, stellen we onze innerlijke energie in staat te stromen, vloeiend en ongehinderd, zodat we een toestand van ware vrijheid bereiken. Deze innerlijke weidsheid is essentieel voor ons welzijn. Zoals de leegte van een kom deze in staat stelt gevuld te worden, zo vinden we in dit innerlijke niets alles. Wanneer we het te druk hebben – vol zijn van werk, zorgen, verantwoordelijkheden, schuld, schaamte – is er geen ruimte. Innerlijke rust is nodig teneinde de innerlijke reserves te hebben om onze eigen innerlijke transformaties – hormonaal, emotioneel – te voeden, of de transformaties die onze visioenen en dromen vervullen.

De houtenergieën

De onmetelijke energieën die tot innerlijke transformaties aanzetten, worden houtenergieën genoemd – naar de energieën die een kiem door haar zaadhulsel duwen om een es, een esdoorn of een pijnboom te worden die naar boven en naar buiten reikt. In het lichaam worden de houtenergieën voorgesteld door de lever.

De lever bevindt zich aan de rechter bovenkant van je buikholte, onder je ribben. De lever is een groot orgaan met vele takken die zich uitstrekken om het lichaam van zijn gifstoffen te ontdoen. De lever slaat bloed op, filtert het en reguleert de bloedvoorziening, produceert proteïnen, metaboliseert hormonen en ontdoet het bloed van alles wat niet nuttig is. De lever staat voor een nieuw begin, zoals houtenergieën wedergeboorte symboliseren en ons wegvoeren bij denkpatronen en emoties die ons vasthouden. Lever- of houtenergieën groeien, expanderen en genereren.

Denk eens aan de enorme hoeveelheid energie die een zuigeling nodig heeft om een tiener te worden. Die ongelooflijk expansieve

Geheim 3
Ontdek en wees blij met je innerlijke weidsheid

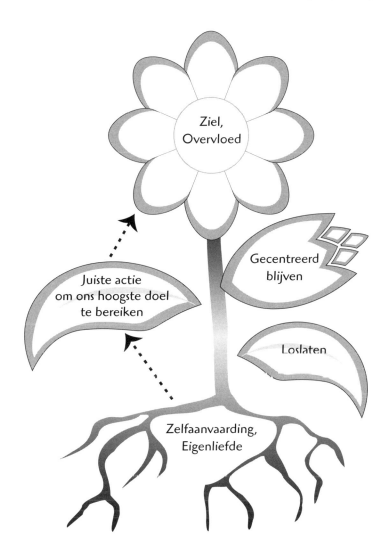

energie bevindt zich op dit moment in je, geregeerd door hout en uitgebeeld door de kleur groen, de kleur van groei in de natuur. Je houtenergie kan de kracht van water aannemen, waarover ik het bij geheim 2 heb gehad, en in iets nieuws veranderen, zoals water een zaailing voedt en deze in staat stelt in een boom te veranderen.

Houtenergieën voeren ons van waar we nu zijn naar onze toekomst. Maar ze kunnen heel onaangenaam zijn: weerstand bieden aan verandering kan pijn veroorzaken, waardoor we alles gaan proberen, antidepressiva bijvoorbeeld, om de pijn te laten verdwijnen.

Als we van onszelf mogen groeien en met de wereld meegeven – zoals een palmboom buigt om een tornado te doorstaan – zullen onze krachtige houtenergieën ons naar nieuwe niveaus verheffen, ons helpen voorbijtrekkende stormen te overleven en ons nieuwe mogelijkheden bieden.

Houtenergieën regeren de *hun*, of hemelse geest, dat aspect van alle mensen dat altijd heeft bestaan en altijd zal bestaan. De hemelse geest verbindt ons met het collectieve onbewuste en regeert intuïtie, aspiratie en de symboliek van onze dromen. De hemelse geest, die als verheven energie net als mist wordt beschreven, leidt onze voortgang door het leven in elke richting, uitgaand van onze levenservaringen en hiervan lerend, om ons naar hogere niveaus te voeren, waar scheppingsvisioenen, verbeeldingskracht, projecties en plannen kunnen ontstaan.

Verlangens vervullen

> *Er is altijd verlangen –*
> *alleen de vorm*
> *van wat wordt verlangd verandert,*
> *elke liefde wijkend voor een andere*
> *vanaf het eerste geluid*
> *van de hartslag onvoorstelbaar aanwezig.*
> — Jane Hirshfield

Behalve dat houtenergieën ons voorwaarts doen gaan, stimuleren ze ook verlangen. Waar veel spirituele tradities problemen hebben met naar buiten gericht verlangen, leert de traditionele Chinese geneeskunde dat de scheppende kracht van verlangen zich in geluk en verwezenlijkte dromen kan openbaren. De grootste belemmering voor een gezond functioneren van de lever is leven in een toestand van onvervulde verlangens.

De taoïstische manier om met verlangens om te gaan is ze verzwakken, niet proberen ze te vervullen. De taoïstische filosofie leert dat wanneer we iets wensen, we niet aan het resultaat moeten vasthouden. Dromen en hoop kunnen een voornemen worden dat tot actie leidt, maar het is belangrijk om het resultaat los te laten. Vasthouden aan wat we vinden dat zou moeten gebeuren veroorzaakt lijden; onvervulde verlangens kunnen tot woede en verzet leiden. Hieronder staat bijvoorbeeld hoe sommige vrouwen hun verlangen om een baby te krijgen proberen te vervullen.

Ze wil een kind. Ze probeert zwanger te worden. Het lukt niet. Ze spant zich nog meer in. Het lukt nog steeds niet. Ze bidt dat God haar het kind zal geven waarnaar ze zo hevig verlangt. Ze onderhandelt misschien zelfs met God om dit te laten gebeuren. Ze gaat naar een arts. De arts zegt dat er iets mis is, maar dat ze misschien na een of andere ingreep zwanger kan worden. Ze probeert het. Het lukt niet. Ze spant zich nog meer in. Ze bidt nog meer. Het lukt nog steeds niet. Ze raakt gefrustreerd, wordt boos, depressief, raakt steeds verder van haar doel verwijderd.

Dit is een kenmerkende reactie op een verlangen van iemand die vreest dat het misschien niet in vervulling gaat. Kinderen gaan vaak zo met verlangens om – een krachtige yangbenadering die uitsluitend naar het licht gaat, in plaats van het duistere of yinaspect van de situatie onder ogen te zien. Deze benadering erkent uitsluitend het verlangen, niet wat er nodig is om het verlangen te verwezenlijken. Maar als we ons wel met het diepste bezighouden, kan dat ons helpen om ons leven te transformeren en een hoger niveau van vervulling te bereiken.

Kijk in plaats van naar de door ego aangedreven benadering nu eens hoe de creatieve taoïste te werk gaat om het verlangen naar een baby te vervullen. Ze wil een kind. Ze probeert zwanger te worden. Het lukt niet. *Dit is het enige dat deze benadering gemeen heeft met de vorige. In plaats van telkens weer hetzelfde te proberen, daarvan een ander resultaat te verwachten en steeds gefrustreerder te raken wanneer dat niet gebeurt, laat een vrouw die de Weg volgt los, waarmee ze toestaat dat er schepping plaatsheeft. Wanneer iemand zich overgeeft, benadert ze haar verlangen als volgt.*

Ze houdt op met vechten. Ze kijkt naar wat er in haar wereld aangepast moet worden om haar verlangen te verwezenlijken. Ze zegt: 'Ik stem me af op de scheppende kracht van het universum, zodat er schepping – of het nu een nieuwe relatie is, een nieuw beroep, een betere gezondheidstoestand, een nieuwe interesse of nieuw doel, of een baby – kan ontstaan. Ik kijk naar het contrast in mijn leven dat groei en schepping in de weg staat en laat het los.'

Onevenwichtigheden van houtenergie

Houtenergieën geven ons de kracht om hindernissen te overwinnen, zoals bomen de kracht hebben uit een zaadhulsel te breken, zich in de grond vast te zetten, vocht in zich op te nemen, via de bodem tevoorschijn te komen, een zaailing te worden, wortels te vormen, de eerste blaadjes te krijgen en dan de wisselvalligheden van de natuur te doorstaan om sterk en groot te worden. Hout- of leverenergieën stellen ons ook in staat uit schadelijke situaties te stappen en geven ons de kracht om nee te zeggen wanneer een nee nodig is. De lever vervult ons met de kracht van woede, zodat we weerstand kunnen overwinnen. Maar de lever reguleert ook het vloeiend stromen van emoties. Gezonde leverenergieën stellen ons in staat frustratie te voelen, woede te uiten en deze vervolgens los te laten en maar te zien of het resultaat heeft. Deze machtige, regeneratieve krachten stellen ons zowel in staat om hindernissen te overwinnen als om te aanvaarden wat op ons afkomt.

Leverenergieën die ongezond of onevenwichtig zijn, uitgeput door bloedverlies, een te actieve levensstijl, te veel stress of lichaamsbeweging, of te weinig rust en zorgzaamheid voor onszelf, verliezen echter hun vermogen de emoties te effenen. Dan kunnen zelfs kleine ergernissen versterkt raken en tot frustratie leiden, en we ontsteken in woede die zelfhaat, depressiviteit of razernij tot gevolg heeft. Als deze gesteldheden standhouden, verliest de lever haar transformatievermogen en wordt het lastig om door het leven te glijden.

Vooral te hard werken kan tot verstoringen van de lever leiden. Veel werkverslaafden nemen hun toevlucht tot de uitlaadklep alcohol om de door te hard werken veroorzaakte innerlijke spanning te overwinnen, wat de uitwerking op de lever alleen maar verergert. Wanneer houtenergieën verstoord raken, gaan vrouwen misschien proberen zich met veel moeite een weg naar de wereld te banen en nemen het anderen dan kwalijk dat ze niet volgens hun regels spelen. Ze komen misschien vast te zitten in het onbevredigende horizontale vlak van louter overleven, ervaren vervolgens toenemende innerlijke druk en kunnen zich niet ontspannen.

Te veel doen, alcohol drinken en weerstand bieden aan je natuurlijke neigingen veroorzaken onmiskenbare onevenwichtigheid, die je van je ware midden afsnijdt. Symptomen van leveronevenwichtigheid zijn onder andere migraine, problemen met zien, gevoeligheid voor licht, brandend maagzuur, hoge bloeddruk, premenstruele spanning, opgezwollen buik en pijn in de borst. Ook 's avonds moeite hebben om in slaap te vallen als gevolg van innerlijke frustratie wijst op gestagneerde leverenergieën, evenals een bittere smaak in de mond – letterlijk en figuurlijk.

Innerlijke stilte of innerlijke weidsheid is voedend voor de gezondheid van de lever. Dus wanneer je je bloeddruk voelt stijgen en je niet op een geschikte manier in actie kunt komen, kan terugtrekking in je innerlijke stilte om op je bron te mediteren een hulpmiddel zijn om je kracht te herwinnen. Het leven is een fluctuerende wisselwerking van actie en terugtrekking. Als het tijd is om je terug te trekken maar je in actie blijft komen, zal je geest je boodschappen sturen dat je je terug moet trekken. Deze boodschappen kunnen de vorm aannemen van spanning tussen je ogen, conflicten met collega's, of onvruchtbaarheid, en als ze niet dankzij fysieke of op emoties gebaseerde oplossingen verdwijnen, kan het leven je een zetje geven door een baan of een relatie weg te nemen die je hoogste welzijn belemmert.

Evenwicht vinden

Karen was een voortreffelijk voorbeeld van een uit balans geraakt lichaam. Hoewel ze in goede gezondheid leek te zijn, hield haar menstruatie op toen ze vijfendertig was. Haar arts ontdekte dat haar eierstokken ontregeld waren en dat ze in de overgang was.

In plaats van naar de boodschappen te luisteren die haar lichaam haar gaf – dat er iets mis was – probeerde Karen al het mogelijke om ongesteld te worden. Haar arts schreef haar prometrium voor. Het hielp niet. In plaats daarvan leidde het tot een toename van prolactine, een hormoon dat melkafscheiding bevordert – ten koste van ovulatie. De aanval op het eerste symptoom had dus alleen maar geleid tot het optreden van nog een symptoom. Dus had Karens lichaam in zijn oneindige wijsheid gewoon het hele proces stilgelegd.

Toen Karens probleem niet werd opgelost met de behandelingen van haar gynaecoloog, kwam ze bij mij. Ik ontdekte dat haar leverqi stagneerde, de Chinese terminologie voor niet-verdwenen innerlijke spanning. Toen ik mijn ontdekking met Karen besprak, zei ik dat ik de acute lichamelijke symptomen van de stagnatie kon laten verdwijnen, maar dat ik niet zou kunnen voorkomen dat ze terugkeerden. Ze zou moeten ontdekken wat de oorzaak van het probleem was.

Karen onthulde later dat haar man zijn baan was kwijtgeraakt en erg depressief was geworden. Het paar zat financieel krap en Karen kon de instelling van haar man tegenover de situatie niet uitstaan. Ze bedreven zelden de liefde en Karen was begonnen meer te werken en minder thuis te zijn. Haar man bleef thuis en keek televisie, en wanneer Karen 's avonds thuiskwam, kookte zij, maakte het huis schoon en werd steeds minder vruchtbaar. Niet lang na ons gesprek verliet haar man voor een aantal weken de stad om een training te volgen, en tijdens deze periode ovuleerde en menstrueerde Karen. Toen haar man weer thuis was, hield haar menstruatie weer op.

Nu hoef je geen briljante diagnosticus te zijn om vast te stellen wat er achter Karens uitblijvende menstruatie zat. Misschien liet haar lichaam haar zien dat de problemen van het paar alleen maar groter zouden worden als ze op dat moment een kind zouden krijgen en beschermde het haar tegen zwangerschap. Andere zoogdieren worden niet loops wanneer hun omgeving te stressvol is.

Karens oorspronkelijke houding was van grote invloed op haar vermogen de waarheid van haar situatie onder ogen te zien:
- Ik was voorbestemd om een kind te krijgen.
- Ik heb altijd een kind gewild.
- Heb ik eindelijk de perfecte man gevonden, raakt hij zijn baan kwijt.
- Ik begin te geloven dat mijn arts gelijk heeft en dat ik te oud ben om een baby te krijgen. (Merk op dat de houding van de arts geen feit is.)
- Mijn menstruatie blijft voortaan altijd uit.
- Ik ben niet bereid om een baby te krijgen met een donoreitje, al zegt mijn arts dat het mijn enige optie is.
- Ik vind mijn leven niet leuk en mijn man vindt zijn leven niet leuk.
- Ik zeur voortdurend tegen mijn man en toch gebeurt er niets.
- Ik begin net zoals mijn moeder te worden.

Toch was het nodig dat Karen de feiten van haar huidige situatie onder ogen zag en aanvaardde:
- Ik wil een kind.
- Ik ben een halfjaar niet ongesteld geweest.
- Mijn man is iets meer dan een halfjaar geleden werkloos geworden.
- Prometrium heeft niet geholpen.
- Toen mijn man weg was, werd ik ongesteld.

Vervolgens moest ze vaststellen wat haar gevoelens over de feiten waren:
- Ik ben bang dat ik te oud ben om een baby te krijgen.
- Ik voel me wanhopig.
- Ik ben bang dat mijn man en ik gaan scheiden en dat ik alleen zal blijven.

- Ik ben bang dat ik nooit een kind zal krijgen.

Daarna moest ze bepalen wat ze niet kon veranderen en dus moest aanvaarden, wilde ze haar stress verlichten:
- Mijn leeftijd.
- De mentaliteit, het gedrag en de werkloosheid van mijn man. (Ze had kunnen scheiden en hertrouwen, maar koos ervoor dit niet te doen.)
- De meningen van mijn arts over mijn voortplanting.
- De onzekerheid dat mijn menstruatie kan komen of wegblijven.
- De onzekerheid dat ik een biologische moeder zal worden of niet.
- Ik ben niet mijn moeder.

Ze moest ook vaststellen wat ze zou kunnen veranderen om haar stress te verlichten:
- Mijn reacties op mijn man.
- Mijn houding ten opzichte van mijn gezondheid en voortplanting.
- Mijn dieet, eettijden, voedingssupplementen.
- Mijn lichaamsbeweging, meditatieschema, activiteiten.

Toen ze al deze factoren eenmaal begreep, stelde Karen een plan op voor wat ze moest doen:
- Ik ga acht uur per dag werken – meer niet.
- Ik ga tegen mijn man zeggen hoe ik me voel door zijn gedrag. Ik ga hem vragen 's avonds voor me te koken wanneer ik de hele dag werk.
- Als ik thuiskom en het huis is rommelig, neem ik huishoudelijke hulp.
- Ik ga tegen mijn man zeggen wat ik wel en niet accepteer, en laat hem zijn eigen gedrag bepalen.
- Ik ga elke ochtend een kwartier qigong-ademhalingsoefeningen doen.

❁ Ik ga elke avond voordat ik naar bed ga een emotiemeditatieoefening doen.

Karen leerde ook hoe ze symptomen van op handen zijnde spanning kon herkennen: wanneer ik probeer het gedrag van mijn man te bepalen, voel ik het onder mijn middenrif samentrekken. Mijn adem wordt oppervlakkig. Vervolgens bepaalde ze hoe ze op deze symptomen zou reageren om spanning te voorkomen:

❁ Wanneer ik deze samentrekking herken, ontspan ik me, haal ik diep adem en laat ik de spanning bewust los.
❁ Ik benoem het gevoel in mijn buik, dat ik meestal als angst en frustratie ervaar.
❁ Ik praat er met mijn man over als hij er is. Anders bel ik mijn zus of een vriendin.

Karen bleek niet te oud. De leeftijd van een vrouw wordt vaak als excuus gebruikt om andere levensproblemen buiten beschouwing te laten. Toen zij en haar man hun leven vanuit een krachtiger houding gingen verbeteren, liep zijn training op een nieuwe baan uit, bracht Karen haar leven thuis op orde en gingen haar hormonen en menstruatie weer normaal functioneren. Uiteindelijk werden ze ouders.

Acht stappen naar ontvankelijkheid

Wat de reden ook is, als je niet stralend gezond en gelukkig bent, is dit alleen maar een symptoom van een onevenwichtigheid die eraan ten grondslag ligt. Om de onevenwichtigheid te ontdekken en het probleem op te lossen, dien je evenals Karen diep naar binnen te kijken en over je leven na te denken. Vervolgens beantwoord je de acht vragen die Karen hebben geholpen, zodat je je eigen pad naar aanvaarding van jezelf en je situatie kunt ontdekken.

1. Hoe sta ik tegenover mezelf en mijn situatie?
2. Wat zijn de feiten?
3. Wat zijn mijn gevoelens over de feiten?
4. Wat kan ik niet veranderen en moet ik dus aanvaarden?

5. Wat kan ik veranderen?
6. Wat is mijn actieplan? (Wees specifiek.)
7. Wat zijn mijn symptomen? (Ga om dieper liggende symptomen te ontdekken met je aandacht naar het rechter middendeel van je lichaam. Verbind je met je krachtige leverenergieën. Vraag je af: waarvan moet ik me ontdoen? Wat moet ik overwinnen? Waar bieden mijn energieën verzet tegen het leven? Laat je aandacht vanbinnen rondgaan.)
8. Hoe reageer ik op mijn symptomen? (Zie hieronder voor technieken om de symptomen te doen verdwijnen.)

Je innerlijke weidsheid aanvaarden

Door innerlijke strijd los te laten maak je energieën vrij die gebruikt kunnen worden om te transformeren en om nieuwe mogelijkheden in je leven te scheppen. Verbind je om houtonevenwichtigheden te doen verdwijnen met je verbeeldingskracht. Stel je voor dat je gezondheid en overvloed tot uitdrukking brengt en je dromen verwezenlijkt. Ga met je mededogen naar je inwendige lichaam en waardeer de vele functies van je lever. Ervaar een gevoel van eerbied en dankbaarheid. Adem helende adem naar je lever. Mediteer zo vaak als je kunt.

Ook zelfmassage kan helpen om je bewust te worden van de spanning in je lichaam en deze weg te nemen en los te laten. Masseer je voeten, je slapen en je buik met een olie op basis van munt, dat helpt geblokkeerde energie te bevrijden. Masseer je borsten om stagnatie van leverenergieën daar op te heffen en verdere opstopping te voorkomen.

Mensen die over het algemeen in goede gezondheid verkeren raad ik ook aan af en toe de lever schoon te maken door te vasten, ontgiftende thee te drinken, en gifstoffen te vermijden door op biologisch voedsel over te schakelen en door bij giftige rook en schoonmaakmiddelen uit de buurt te blijven. Kijk op internet of raadpleeg een natuurgenezer voor goede manieren om de lever te reinigen.

Schenk ook aandacht aan de reacties van je lichaam op je wereld. Probeer dingen die je niet kunt veranderen te accepteren, en wees moedig bij je pogingen dingen die je wel kunt veranderen inderdaad te veranderen. Deze aandachtigheid zal je wijsheid opleveren en ook evenwicht. Het krachtige 'sereniteitsgebed', geschreven door Reinhold Niebuhr, helpt me om te bepalen waarin ik mijn energieën moet investeren wanneer ik van slag raak:

> *God, schenk me de sereniteit om te aanvaarden wat ik niet kan veranderen,*
> *de moed om te veranderen wat ik kan veranderen,*
> *en de wijsheid om het onderscheid te weten.*

De reis naar evenwicht vergt van ons dat we de patronen loslaten die het stromen van onze levenskracht blokkeren of verhinderen. Een andere techniek om zowel de patronen als de levenskracht te herkennen helpt ons om ons te ontspannen en zo het vrij stromen van energie mogelijk te maken. Ben je gespannen of ontspannen? Word je bewust van het verschil en controleer jezelf stelselmatig om soepel en vrij te blijven.

Gespannen

Bal heel stevig je vuisten om te begrijpen hoe gespannen zijn aanvoelt. Zet je tanden op elkaar en span je kaak. Kijk om je heen en vergelijk jezelf met anderen. Zie hoe anders ze zijn dan jij en hoeveel beter ze het hebben dan jij. Adem kort en oppervlakkig in, terwijl je erkent dat ze jonger zijn en een plattere buik hebben; houd je buik nog beter in. Richt je gedachten op alles wat je niet hebt maar wel wilt hebben en op alle onoverkomelijke obstakels op je weg. Denk aan alles wat je op je werk niet af hebt gekregen en aan je gevoel van wanhoop. Wat zul je doen: morgen langer blijven of tussen de middag doorwerken? Word je bewust van de zorgen en de spanning die je voelt en denk eraan hoe dat alles je vanavond uit de slaap zal houden.

Merk de stress op die door deze gespannen lichamelijke en geestelijke houding wordt veroorzaakt. Kun je voelen hoe de stress samengetrokken spanning in je lichaam voortbrengt? Kun je voelen hoe druk en zorgen je energie en innerlijke ruimte afsluiten?

Ontspannen

Begin met je vuisten te openen om te begrijpen hoe ontspannen zijn aanvoelt. Open je handen en laat je schouders zakken. Sluit je ogen en richt op een uitademing je aandacht naar binnen. Haal diep adem, voel terwijl je je buik laat opbollen hoe diep je adem is. Als je stil genoeg bent, kun je het verbazingwekkende geluid van je hartslag horen – een deel van het wonder dat je bent.

Haal langzaam en diep adem en laat de spanningsknoop zichzelf ontwarren. Laat je spieren zich ontspannen en denk aan iets wat je aan het lachen maakt. Merk de trillingen van je gelach op en zie of je het door je hele lichaam kunt voelen weerkaatsen. Ervaar een gevoel van mededogen en laat een glimlach verschijnen. Voel of er ergens in je lichaam nog spanning is die je aandacht vraagt. Ga er met je bewustzijn en de helende energie van je eigen handen heen.

Door je te ontspannen en je energie te laten stromen vergt alles wat je doet minder inspanning, en dat betekent dat je minder energie zult verbruiken omdat je op een veel hoger niveau zult functioneren. Wanneer je je ontspant, adem je dieper, ontspant je sympathisch zenuwstelsel en stroomt je bloed zo vrij dat het je hele lichaam van zuurstof kan voorzien. Je versterkt in feite je energie en brengt je hormonen in evenwicht. Je spijsverteringsstelsel kan ook beter voedingsstoffen opnemen en je darmen kunnen op de juiste manier afvalstoffen uitscheiden. Er komen chemische ontspannings- en genotsstoffen in je hersenen en je ingewanden vrij en je slaapt dieper en kunt gemakkelijker je doel bereiken.

> *Als je heel wilt worden,*
> *laat jezelf dan een deel zijn.*
> *Als je recht wilt worden,*
> *laat je zelf dan krom zijn.*
> *Als je vol wilt worden,*
> *laat jezelf dan leeg zijn.*
> *Als je opnieuw geboren wilt worden,*
> *laat jezelf dan sterven.*
> *Als je alles wilt krijgen,*
> *geef dan alles op.*
> — TAO TE TJING

Geheim 4

Sta het leven toe via jou te leven

性 DE WEG VAN DE NATUUR

*Wanneer we onze essentiële harmonie met de schepping verliezen
en een toestand van onevenwichtigheid
vertonen, waar ligt dan de vergissing?
Bij de Hemel of bij de mens?*
— Huang Di (de Gele Keizer) in de Neijing

De Hemel in mij is Deugd, de Aarde in mij is qi.
— Qi Bo (de arts van de Gele Keizer)

Het leven stroomt via de plexus solaris, of zonnevlecht, die zich halverwege de navel en de onderkant van het borstbeen bevindt, door het midden van het lichaam. Daar komen vele zenuwen samen, worden spijsverteringsprocessen gereguleerd en ontmoeten emoties elkaar. Ons midden is ook een psychologische verzamelplaats waar we ons zelfbeeld scheppen en versterken. Dieper dan het zelfbeeld is echter een zelfgevoel dat niet door onze interpretaties van het leven wordt beroerd. Dit heiligdom diep in onze diepte bestond voordat ons denkproces zich in ons zuigelingenbewustzijn vormde en we kunnen toegang krijgen tot deze helderheid door de reactieve geest te kalmeren en nieuwe inspiratie te laten verschijnen. Gebruikelijke negatieve denkpatronen blokkeren deze helderheid soms en maken ons blind voor ons hoogste potentieel. Een van mijn lievelingsvoorbeelden hiervoor is een anekdote over Albert Einstein. Na jaren van intensieve berekeningen kwam Einsteins relativiteitstheorie in hem op terwijl hij zich in bad ontspande. Hij moest ophouden met erover na te denken voordat ze kon verschijnen.

 ## De aarde-energieën

Het midden bestaat uit de milt, de maag en de alvleesklier. Maar de milt is de as waarom de geest, het lichaam en de ziel draaien. Wat heel belangrijk is, is dat de milt verantwoordelijk is voor de omzetting van ons voedsel in qi, bloed en andere vormen van bruikbare energie, en voor het sturen van voedingsstoffen naar de andere organen, weefsels en cellen. Miltenergie openbaart zich in het maag-darmstelsel en wordt uitgesproken beïnvloed door wat we eten.

Het midden bepaalt wat er opgenomen wordt en wat door het lichaam wordt uitgescheiden, waarbij het zuivere van het onzuivere wordt gescheiden, het gezonde van het ongezonde. Het vertelt ons wanneer het voedsel dat we eten niet goed voor ons is en zegt ook wanneer onze gedachten ons welzijn schaden. In de traditionele Chinese geneeskunde wordt denken door dezelfde energieën geregeerd die de opname van voedsel en de uitscheiding van de afvalproducten ervan regeren. Zoals ons lichaam wordt wat we eten, zo weerspiegelt ons leven wat we denken. Gedachten die negatieve patronen volgen – zoals je ontoereikend voelen – leiden tot depressies, stress en wanhoop, en schaden uiteindelijk de gezondheid. Door een negatief zelfbeeld te versterken voorkom je dat het zelf zijn beeld verruimt en een nieuw verhaal vertelt. Pijn in de ingewanden, maagzweren of een prikkelbare darm zijn symptomen die zich kunnen ontwikkelen wanneer iemand meer tijd besteedt aan het luisteren naar negatieve stemmen in haar hoofd en in de buitenwereld dan aan luisteren naar wat haar intuïtie zegt. Wanneer onze gedachten ons hoogste mentaal en emotioneel functioneren in stand houden, houden onze levensstijl en dieetkeuzen meestal onze grootste fysieke gezondheid in stand.

Beverly kwam bij me nadat haar arts haar had verteld dat haar zesendertigjarige lichaam zich gedroeg als dat van een vijftigjarige vrouw. Ze zei later dat ze het gevoel had gehad dat ze een trap in haar maag had gekregen. Met andere woorden, ze verinnerlijkte die boodschap in haar midden. Haar opvattingen gingen de boodschap weerspiegelen: ze begon letterlijk op een oude vrouw te lijken. Binnen een maand na het vernietigende oordeel van haar arts werd haar haar dunner en grijs, en haar huid werd rimpelig. Ik hielp Beverly om de boodschap van verval te herprogrammeren door voor te stellen dat ze haar jeugdige eigenschappen zou vergroten en zich op haar sappige kwaliteiten zou richten, zoals de manier waarop haar lichaam zich bewoog. Haar lichaam werd met de dag jonger toen ze eenmaal naar de boodschappen van haar eigen midden begon te luisteren.

Lichamelijke symptomen van onevenwichtige milt- of aarde-energieën vertonen zich vaak in het spijsverteringsstelsel. Om te ontdekken of je lichaam je tekens geeft dat je aarde-energieën uit balans zijn, kun je je het volgende afvragen: heb je weinig trek of heb je na het eten een opgeblazen gevoel? Heb je buikpijn of dunne ontlasting? Hunker je naar zoetigheid of neig je naar een lage bloedsuikerspiegel? Als je vermoeid bent, weinig energie of een lage bloeddruk hebt, geneigd bent je zwaar of traag te voelen, niet aan lichaamsbeweging doet of de diagnose hypothyreoïdie hebt gekregen, kijk dan naar je miltstelsel. Als je gemakkelijk blauwe plekken krijgt, spataderen hebt of andere bloedproblemen, zoals dun, waterig, overvloedig of rozeachtig menstruatiebloed, kijk dan ook naar je miltstelsel. Zwakke spieren, overmatig (over je hele lichaam) zweten zonder je in te spannen, orgaanverzakking, aambeien, poliepen, divertikels en een gebrekkige bloedsomloop wijzen er ook op dat de miltenergieën gevoed moeten worden.

Zoals de aarde energie uit haar kern haalt, halen wij energie uit onze kern, de milt. Miltenergie wordt daarom aarde-energie genoemd. Evenals de aarde kan de milt te droog of te nat worden, waarna ze, ook zoals de aarde, degene die ervan afhankelijk is, niet goed kan voeden. Wanneer de milt te droog is, door gebrek aan verse, onbewerkte, voedzame voedingsmiddelen, kan ze geen noodzakelijk water meer opnemen, dat het lichaam snel in de vorm van urine verlaat. Wanneer ze te nat is, doordat het lichaam te veel vocht producerend voedsel als zoetigheid, zuivelproducten en geraffineerde koolhydraten krijgt, raakt ze doorweekt en drassig, als een kletsnat veld. Mensen met een sterk miltstelsel hebben veel lichamelijke energie; mensen met een zwakke milt voelen zich moe en leeg.

Je midden bepaalt ook aan welke gedachten en herinneringen je aandacht schenkt en welke je loslaat. Wat je lichaam nodig heeft, wordt in het spijsverteringskanaal door je midden gescheiden van wat het niet nodig heeft. Hetzelfde gebeurt met gedachten en ervaringen; het midden verteert en analyseert ze, en ontdoet zich vervolgens van wat niet noodzakelijk en voedend is.

Een gezond midden ontvangt gedachten en zet vervolgens aan tot handelen naar die gedachten of laat ze los. Maar een ongezond midden verwerkt deze gedachten misschien niet goed, wat tot te veel denken kan leiden. De Chinezen geloven dat te veel denken, waartoe overmatig nadenken, studeren, concentreren, van buiten leren, peinzen, piekeren en tobben behoren, na verloop van tijd de milt kan verzwakken en het optimaal functioneren van haar energieprocessen kan belemmeren. Daarom veroorzaakt overmatig piekeren spijsverteringsstoornissen als maagzweren en het prikkelbare-darmsyndroom: te veel informatie verstopt onze geest en blokkeert de aarde-energie die door ons midden stroomt, zodat we ervan weerhouden worden de juiste beslissingen te nemen en er disharmonie ontstaat. Keer altijd terug naar je midden, waar zuiver bewustzijn zetelt.

De helende kracht van dansen en zingen

Lichaamsbeweging draagt bij tot het goed functioneren van de miltenergieën. Maar ik bedoel niet alleen de soort lichaamsbeweging die je in een fitnesscentrum krijgt, zoals op een lopende band rennen of op een hometrainer fietsen. De soort lichaamsbeweging waar ik op doel, is expressieve beweging die van binnenuit komt: dansen op je innerlijk lied.

Dansen is helen. Tijdens vruchtbaarheidsretraites doen we aan vrije, levendige, creatieve beweging. Ik moedig jou ook aan om te dansen, trommelen, zingen en bewegen om je diepste zelf tot uitdrukking te brengen en een instrument van een groter lied te worden. Terwijl je danst, resoneer je met het leven en zing je een lied dat niemand anders kan zingen. Zoals de Perzische mystieke dichter Rumi zei:

Je bent een lied, een gewenst lied.
Ga naar het midden,
naar de lucht en de wind,
naar stil weten.

Aanvaard het gewenste lied dat je bent. Zing vervolgens niet alleen met je stem, maar ook met je hart en geest en ziel. Tot dit je lukt en je het pad tussen alle heilige delen van je ontsluit, zul je een verzonnen lied zingen, het lied van een ander. Maar wanneer je het leven via jou laat leven, zul je je eigen lied zingen.

Stemmen drukken de woorden uit die we denken. Vind je je stem mooi? Zo niet, dan zou dat je iets belangrijks over jezelf kunnen zeggen. Als kind voelde ik me bijvoorbeeld voortdurend alleen en had ik steeds emotionele pijn. Mijn stem trilde, wat ik verschrikkelijk gênant vond. Dat trillen drukte mijn pijn uit en mijn bedroefdheid. Eerst probeerde ik het te verbergen door te blijven zwijgen, maar uiteindelijk merkte ik dat het door alcohol en medicatie verdween. Wanneer de medicatie echter uitgewerkt was, werden mijn bedroefdheid en pijn, het lied van mijn ziel, weer in het trillen van mijn stem getoond.

Toen ik diep in mezelf naar mijn duisternis afdaalde, hoorde ik wat mijn stem me de hele tijd al had verteld: dat ik gevoelig en meelevend was en ondraaglijke emotionele pijn had, wat ik probeerde te verbergen. Toen ik dit aspect van mijn wezen aanvaardde, begon de pijn te verdwijnen, helemaal vanzelf. Door de aard van mijn bron te erkennen kon ik mijn pijn aanvaarden en loslaten. Hoewel mijn stem nog steeds af en toe trilt, vooral als ik zenuwachtig of overbelast ben, voel ik nu mededogen voor dat kleine meisje dat vaak zo angstig en verdrietig was dat haar stem ervan begon te trillen. Door naar het lied van mijn stem en mijn ziel te luisteren heb ik mezelf geheeld.

De helende kracht van geluid

Is je ooit opgevallen dat je geest te veel dacht, dat hij innerlijk gebabbel voortbracht? Heb je ooit gemerkt dat je die gedachten weerspiegelde door onophoudelijk te praten? Zoals de meeste mensen niet luisteren naar mensen die voortdurend praten, luisteren de meesten van ons niet naar ons eigen innerlijk gebabbel – soms proberen we het zelfs te overstemmen. Mijn man probeerde vroeger, bijvoorbeeld na een zware dag, de gedachten die in zijn hoofd rondtolden te overstemmen door naar harde muziek te luisteren en voor een loeiende televisie te zitten. Maar innerlijk gebabbel vertelt ons dat er iets mis is. Het is belangrijk om de oorzaak van de onevenwichtigheid te aanvaarden en los te laten; de vernieuwde energie lost dan het lawaai dat ons in de weg staat op. Buitensporig veel praten is meestal alleen maar goed om er meningen uit te gooien, oordelen te leveren en te verkondigen hoe we door de wereld willen worden gezien. Het is beter om onze stem voor ons innerlijk lied te bewaren, het enige wat er werkelijk toe doet.

Evenals zingen kan ook geluid onevenwichtige aarde-energieën helen en het leven in staat stellen via jou te leven. Ik maak dan ook vaak gebruik van geluid tijdens helende, meditatieve sessies met cliënten. Om geluid te gebruiken teneinde je welzijn te vergroten, zoek je in gedachten naar een toon die overeenkomt met jouw idee van hoe het goddelijke klinkt. Zo symboliseert de klank 'Om' in sommige tradities God. Laat deze toon in de kern van je wezen weerklinken; verander van toon als je daar behoefte aan hebt, zodat de toon het goddelijke in je hart voorstelt. Gebruik de klank vervolgens als je eigen speciale gebed tot het goddelijke en om jezelf te helen.

Een dertigjarige retraitepatiënte van me, Belinda, had een tragische geschiedenis van seksueel misbruik door haar vader. Toen haar vader echter ongeneeslijk ziek werd terwijl zij net probeerde voor het eerst zwanger te worden, zorgde ze desondanks liefdevol voor hem tot hij stierf. Nadat haar vader gestorven was, zag Belinda's arts aan haar bloed dat ze in de overgang was geraakt en dat dit niet terug te draaien zou zijn – haar FSH-waarde was 150 (een waarde boven de 50 wijst op menopauze). Een buurvrouw die wist hoeveel verdriet Belinda hiervan had, leende haar een klankschaal uit, waarmee ze elke dag mediteerde. Elke keer dat ze mediteerde, wreef ze met een stokje rondom de buitenkant van de rand van de schaal, waardoor de schaal een geluid maakte dat in harmonie was met de energieën van de nieren, die de seksuele energieën voorstellen. De volgende maand was haar FSH-waarde 7; ze was dus niet in de overgang, maar had slechts zichzelf beschermd. Ze had zichzelf geheeld.

 ## De helende kracht van zorgzaamheid voor jezelf

Aarde-energieën zijn zorgzaam en voedend. Evenals de aarde zelf zijn deze energieën gecentreerd, stabiel, geaard en overvloedig, en ze stellen ons in staat vriendelijk, behulpzaam, lief, gul en steunend te zijn, zowel voor onszelf als voor anderen. Ze helpen de puls van andere bewegende energieën in stand te houden en trekken ook anderen naar ons toe.

Wanneer aarde-energieën uit evenwicht zijn, vergeten mensen zichzelf te steunen en van zichzelf te houden; ze raken zichzelf kwijt door te proberen anderen te behagen. Ze vinden het moeilijk om nee te zeggen. Ze verzetten zich tegen verandering en klampen zich vast aan wat bekend is. Ze raken overbelast, zowel fysiek als mentaal. Ze hebben gebrek aan energie en maken zich zulke grote zorgen dat het obsessief wordt. Lichamelijk uit de onevenwichtigheid zich in een trage spijsvertering. Allergieën en vocht vasthouden komen ook veel voor. Mensen met onevenwichtigheden in de aarde-energieën kunnen bovendien naar zetmeel en zoetigheid hunkeren. Wanneer de onevenwichtigheid ernstig is, kunnen ze diabetes ontwikkelen.

Onevenwichtige miltenergieën kunnen een totaal verlies van het zelf tot gevolg hebben. Mensen met deze onevenwichtigheid leven voor hun partner, ouders, kinderen of vrienden. Ze worden zó goed in het zorgen voor de buitenwereld dat ze vergeten hoe ze voor hun heilige zelf moeten zorgen. Uiteindelijk kan hun innerlijke beschermingsmechanisme – hun immuunsysteem – zich tegen hen keren, en er kunnen dan auto-immuunziekten ontstaan. Terwijl ze anderen als vrienden beschouwen, worden ze hun eigen vijand, en hun cellen weerspiegelen deze innerlijke strijd.

Bij Lananda ontstond een aandoening waarbij haar lichaam een aanval begon op haar gehele endocriene systeem, een aandoening die bekendstaat als polyendocrinopathie, waardoor het grootste deel van haar hormoonsysteem uitviel. Tijdens een vruchtbaarheidsretraite leerde ze dat haar problemen veroorzaakt werden door ten koste van zichzelf voor anderen te zorgen. Ik ontwierp een behandelplan voor haar om te leren wat haar grenzen waren en deze vurig te respecteren, waarbij ze gezond, vers biologisch voedsel moest eten. Binnen acht maanden was Lananda's endocriene systeem weer helemaal in orde.

 ### Aarde-energieën losmaken

Om vastzittende aarde-energieën te mobiliseren en te veranderen kun je een aantal dingen doen. Zoals eerder gezegd, zijn zingen, dansen en vreugdevolle geluiden maken die je met het goddelijke verbinden belangrijk. Maar je moet ook goed voor jezelf zorgen. Dat houdt in zelfvertrouwen ontwikkelen, op zoek gaan naar innerlijke leiding, en gezond eten en bewegen.

Bewust eten

Onevenwichtige aarde-energieën leiden tot hunkering naar suiker. Als je eraan toegeeft, zal je bloedsuikerspiegel sterk gaan stijgen en dalen, wat een negatieve invloed op je nieren en milt zal hebben en tot vrijkomen van stresshormonen zal leiden om de onevenwichtigheid aan te pakken. Om miltenergieën weer in evenwicht te brengen en je bloedsuikerspiegel en stress te verlagen dien je het eten van gewone suiker in al zijn vormen te vermijden, dus ook cake, snoep en gebakjes. Gebruik ook minder

- zwaar, vet voedsel
- zetmeelhoudende producten
- vetten
- zuivelproducten
- pasta
- tarwe
- machtige sauzen.

Je kunt ook beter geen voedsel eten dat ijskoud is, daar je lichaam het moet opwarmen voordat het dat kan benutten. Als je belangstelling hebt voor plantaardige geneesmiddelen: ginseng- en zoethoutthee zijn uitstekende milttonica. Koop ze in een goede natuurvoedingswinkel of praat met een in Chinese geneeskunde gespecialiseerde apotheker om goed persoonlijk advies te krijgen.

Eet niet alleen bewust, maar schenk ook aandacht aan het hele eetproces, van eten bereiden tot de laatste hap doorslikken en je mond afvegen met een servet. Veel mensen eten óf om een innerlijke leegte te vullen óf om hun smaakpapillen een plezier te doen. Maar eten gaat eigenlijk om onszelf voldoening geven en erkennen dat het leven een uitwisseling is van energie in de vorm van adem, gedachten, emoties, handelingen en voedsel.

Om aandachtig te eten kauw je grondig op elk stukje voedsel. Verzamel bij elke hap zoveel mogelijk speeksel en slik goed door; wanneer het tot het uiterste en goed benut wordt, kan speeksel het glutathiongehalte in de ingewanden verhogen, wat bevorderlijk is voor het gezond functioneren van gewrichten. Nadat je een hap hebt doorgeslikt, denk je erover na waar het voedsel heen gaat en verbind je je er ook in je lichaam mee.

Onlangs had ik een mooie en opkikkerende ervaring terwijl ik een sinaasappel at. Ik had mezelf tijdens een slopende dag tien minuten pauze gegeven en me in mijn keuken teruggetrokken om iets te eten; mijn energieën zaten allemaal tussen mijn oren gepropt en ik kon geen rust vinden of toegang krijgen tot mijn innerlijke wijsheid. Terwijl ik aan tafel zat, deed ik niets anders dan mijn sinaasappel eten. Ik hield hem vast. Ik voelde de stevige rondheid ervan en keek naar de putjes in de schil. Ik verbond me met de sinaasappel en begon hem toen te pellen.

Terwijl ik het geschenk uitpakte, snoof ik de geurnevel op die mijn reukzin prikkelde. Ik keek aandachtig naar de naakte sinaasappel zoals hij daar voor me lag, me aansporend om de partjes die de natuur had voorbereid een handje te helpen, zodat ze zich tot mijn voedsel konden ontpoppen. Toen ik het eerste partje pakte, merkte ik dat het een unieke identiteit had. Ik keek ernaar, verbond me ermee en beet erin. Er sproeide smaak door mijn hele mond, terwijl ik aandacht schonk aan de manier waarop mijn speeksel zich met het sap vermengde. Ik slikte door. Ik keek naar de rest van het partje waarin ik had gebeten en merkte de piepkleine pakketjes vastzittende sinaasappelnectar op die erop wachtten tot ze deel konden gaan uitmaken van mijn volgende ervaring van gelukzaligheid. Ik beet opnieuw. Ik genoot ook van deze volgende hap en ging zo door tot ik in tranen was. Die sinaasappel was de beste maaltijd van mijn leven, en nadat ik hem op had, ging ik weer aan het werk alsof er een nieuwe dag was aangebroken. Alles wat hiervoor nodig was, was aandachtig eten: door van die sinaasappel te genieten genoot ik van het leven.

Wanneer we ons verbinden met het voedsel dat we in onze mond stoppen, verbinden we ons zowel met de bron van het voedsel als met ons spijsverteringsstelsel. Inheemse volken verbonden zich lang geleden zelfs met de ziel van het dier waarvan men het vlees at, zodat de ziel die het dier leven gaf hun ook leven zou geven. Wanneer we voedsel eten dat langere tijd met de aarde was verbonden, ontvangen we het qi ervan, dat onze aarde-energieën vergroot. Voedsel zoals eieren van legbatterijkippen die nooit op de aarde hebben gelopen bevatten veel minder qi en geven ons minder energie. Bewust en gezond eet je alleen uit de natuur – onbewerkt graan, vers fruit en verse groente, en biologisch vlees van dieren die op humane wijze zijn gedood – en niet als je voedsel uit dozen en blikken tot je neemt.

Een heilige ruimte scheppen

Maria kwam voor het eerst naar een vruchtbaarheidsretraite toen ze al jaren ongelukkig was met haar leven. Ze stond op het punt het op te geven en had zowel haar huis als haar gezondheid, haar uiterlijk en haar hartstocht verwaarloosd. Tijdens de retraite moedigde ik haar aan om zich niet langer op wanhoop te richten, maar op de spannende opwinding van het onbekende. Ik sprak ook met haar over de mogelijkheid een heilige ruimte in haar huis te creëren, vol overvloed, vreugde en licht, waar ze rustig en blij kon zitten en haar midden kon ontdekken en versterken. Maria vond zichzelf echter niet artistiek of creatief en voelde zich bedreigd door wat ik voorstelde, dus raadde ik haar aan klein te beginnen, door een raam of een hoek van een kamer te verfraaien. Dat deed ze. Ze kocht een aantal kaarsen en zette deze op het plankje boven haar badkuip – ze had zich vaak bij kaarslicht badende mooie vrouwen voorgesteld, maar nooit zichzélf toegestaan zich in de gloed ervan te koesteren. Nadat ze de kaarsen had neergezet, dacht ze dat een hangvaren in haar badkamer ook mooi zou staan. En niet lang hierna strekte de stroom van haar creativiteit zich al naar haar slaapkamer uit, waar ze nieuwe, lichtere gordijnen ophing en een bijpassende sprei. Vervolgens schreef ze zich bij de plaatselijke Volksuniversiteit in voor een cursus binnenhuisarchitectuur, en nadat ze de rest van haar huis verlevendigd had, ging ze in de leer bij een plaatselijke binnenhuisarchitect. Het laatste wat ik van Maria hoorde, was dat ze een ontwerpstudio had geopend en vol blijdschap een nieuw leven leidde.

Verbinding maken met je ware zelf

Wanneer je in de spiegel kijkt, wie kijkt er dan terug? Vind je degene die je ziet leuk? Kijk om je aarde-energieën los te maken niet naar wat je als tekortkomingen beschouwt. Kijk in plaats daarvan jezelf diep in de ogen en probeer je te verbinden met een gevoel van mededogen en liefde. Kijk naar jezelf en merk alles op wat je leuk vindt. Kijk uit naar de echte jij onder je buitenkant en blijf kijken tot je jezelf ziet zoals je werkelijk bent.

Dingen uitsluitend voor jezelf doen

Behalve door bewust eten, een heilige ruimte creëren en je met je ware zelf verbinden kun je je aarde-energieën ook weer in evenwicht brengen door op andere manieren goed voor jezelf te zorgen:

- Ga aan lichaamsbeweging doen die je leuk vindt en waarvoor je je spieren moet gebruiken.
- Verander je omgeving, bijvoorbeeld door je meubilair zo neer te zetten dat je je er prettiger bij voelt.
- Begin aan een hobby of creatief project waaraan je plezier beleeft (dus niet om indruk te maken op een ander).
- Leer nee te zeggen zonder daarvoor een reden te geven of je te verontschuldigen.
- Gebruik zelfaffirmaties wanneer je spreekt en denkt: 'Ik voel me...', 'ik heb zin om...', 'ik vind mijn... leuk'; zelfs als je eerst niet meent wat je zegt, zal dat uiteindelijk wel het geval zijn.
- Als je probeert een gezin te vormen of problemen hebt met je rol als moeder, neem dan wat afstand en ga na welke rollen die met ouderschap te maken hebben het belangrijkst voor je zijn (bijvoorbeeld deel uitmaken van een groter gezin, een kind kansen bieden die je zelf nooit hebt gehad, ervoor zorgen dat je nooit alleen zult zijn).
- Ga in de natuur wandelen. Kijk naar de bloemen, de bomen en het prachtige leven in de grond. Kijk naar de sterren. Neem waar hoe je je tijdens verschillende maanfasen voelt. Ruik de veranderingen in de lucht wanneer het weer verandert.

 **Intentie**

Aanvaard het heden en plan de toekomst.
— DEEPAK CHOPRA

Zorgen, obsessies, angst en spijt blokkeren aarde-energie en onderdrukken zo de vitaliteit. Maar wanneer we kalm en aandachtig zijn en openstaan voor alles wat we kunnen zijn, stroomt er meer energie door ons heen.

Het Chinese karakter voor *yi* 意, de geest van de aarde, of intentie, symboliseert de hemelse trilling die wordt voortgebracht wanneer de ziel in harmonie is met onze daden. Wanneer we intenties hebben, of doelbewust en doelgericht zijn, brengt ons dat op één lijn met onze bron en onze ziel en kunnen onze aarde-energieën vrij bewegen. Door intenties te hebben kan denken ook geloven worden, en dit kan in feite bepalen welke van onze geërfde genen we activeren en het stelt ons in staat verleden en toekomst, hoop en dromen, en angsten en passies in ons midden te integreren. Via jou, het vat, worden intenties zichtbaar gemaakt, en dat helpt je om doelgericht voorwaarts te gaan, je te blijven transformeren en je met je hoogste gids te verbinden om het leven te scheppen waartoe je was voorbestemd.

Zoals je eerder hebt gelezen, is het belangrijk om eerst je innerlijke modder aan te pakken om je innerlijke ruimte vrij te maken. Spijt over het verleden en angst voor de toekomst verstoren het functioneren van de milt, waardoor deze niet evenwichtig en stabiel kan zijn, open voor het huidige moment. Kijk dus zonder vrees naar de dingen in je leven die niet meer werken en gebruik ze om nieuwe groei te bevorderen en hogere zijnsniveaus te bereiken. Bevrijd jezelf, zodat je aarde-energieën al je scheppende krachten kunnen bevrijden.

Zoals de kiem door de aarde wordt gevoed, zo wordt de kracht van hout om te dromen en te scheppen beïnvloed door de intentie-energieën van de milt. Stabiele miltenergieën stellen ons in staat te oogsten wat we hebben gezaaid, zoals ook moeder aarde dat doet. Als je negativiteit en angst hebt gezaaid, zul je in een angstige, negatieve wereld leven. Als je opvattingen liefde en dankbaarheid weerspiegelen, zul je in een toestand van overvloed leven.

De grote Nu Wa, half vrouw, half slang,
schiep mensen uit riviermodder.

Ze baarde en zoogde onze voorouders, die
eenvoudig leefden. Toen de goden om land streden,
was de wereld de vernietiging nabij. Nu Wa smolt vijf
verschillende gekleurde edelstenen en
herstelde de hele hemel en de hele aarde.
— CHINESE LEGENDE

Geheim 5

Laat weerstand los

撒   LOSLATEN

Bij het ademhalen is er tweemaal genade:
lucht binnenhalen, zich van haar bevrijden;
het eerste benauwt, het laatste verfrist,
zo wonderbaar is het leven gemengd.
Dank God wanneer Hij je samenperst,
en dank Hem als Hij je weer laat gaan.
— JOHANN WOLFGANG VON GOETHE

*E*en van de belangrijkste principes van de traditionele Chinese geneeskunde is om je niet tegen gebeurtenissen, relaties, gevoelens – wat dan ook – te verzetten. Dat betekent niet dat je een voetveeg moet worden, maar meer dat je open moet staan en ontvankelijk moet zijn voor het leven in al zijn vormen, in het bijzonder voor je eigen innerlijke kracht en wijsheid. Wanneer je niet langer vecht om het resultaat van je leven te bepalen, verminder je innerlijke spanning, breng je je ware aard tot uitdrukking en verbind je je met de wereld om je heen.

Wanneer je ontvangt en loslaat, volg je de bewegingen van het universum en van de natuur: de getijden, de geboorte en de dood van een ster, het wassen en afnemen van de maan, het uitzetten en samentrekken van magma in het centrum van de aarde, het openen en sluiten van bloembladeren, het stijgen en dalen van je borstkas terwijl je ademt, de cyclus van slapen en ontwaken. Het hele leven beweegt zich naar binnen en naar buiten, vullend en ledigend, zich van nature verruimend om het volgende zijnsniveau te omvatten.

De metaalenergieën

De longenergieën regeren de longen, de huid en het orgaan dat met de longen een paar vormt: de dikke darm – de organen dus die ons in staat stellen in te ademen en wat we niet nodig hebben uit te drijven. Deze energieën, die ook metaalenergieën worden genoemd, trekken atomen van chemische elementen als waterstof en zuurstof magnetisch naar de complexere moleculaire verbindingen die noodzakelijk zijn voor natuurlijk leven. De energieën in de onderbuik halen deze complexe verbindingen vervolgens magnetisch naar onze kern en stellen de ziel in staat te ademen.

De metaalenergieën verbinden zich ook met *po*, de lichamelijke geest die zich met de hemelse geest verenigt om het fysieke zijn te regeren en via het autonome zenuwstelsel innerlijke processen te reguleren. Zoals de chemische elementen van de lucht ons met de levensadem vullen, zo vult po ons met onze individuele geest; daardoor stelt po ons in staat waarde te hechten aan onze emoties, gevoelens, opvattingen en ons leven. Po grijpt het leven en symboliseert onze instinctieve kennis, onze tastzin en het besef te worden aangeraakt. Po wordt met beginnen en voortzetten in verband gebracht en stelt ons in staat elke ademhaling te waarderen en te eren. Po wordt ook met de kleur wit, de kleur van beenderen, in verband gebracht. Po symboliseert de dood van het ondoordringbare op zichzelf gerichte ego en de wederopstanding van het zuivere, onbezoedelde zelf. Po stelt ons in staat ja tegen het leven te zeggen en blijft bij ons tot het met onze laatste adem sterft.

Ademhalen vult onze cellen dus niet alleen met leven schenkende zuurstof, maar verbindt ons ook met alle dingen en stelt ons in staat naar de diepten van onze gevoelens en onze kern te gaan. Wanneer we ons op onze ademhaling concentreren, gaan we naar onze basis en verbinden we ons met onze ziel. In feite zijn adem en ziel in vele oude tradities synoniem. Ik heb ooit gelezen dat inheemse Hawaiianen de Europeanen die hun eilanden bereikten beschreven als 'de mannen die bidden zonder te ademen' omdat het voor hen ondenkbaar was dat mensen zich zonder hun ademhaling te gebruiken met het goddelijke konden verbinden.

Wanneer we lucht inademen, en daarmee po, worden onze energieën door de zon verlevendigd en hoog opgetild, zoals de benedenwaartse kracht van de fladderende vleugels van een vogel hem in staat stellen in de lucht op te stijgen. En wanneer we uitademen, geven we onze adem aan het universum terug om planten in staat te stellen te overleven. Tussen inademing en uitademing ligt de innerlijke peilloze diepte, de bron van tevredenheid en verbondenheid met de gehele schepping. Zoals Rumi in zijn gedicht 'Het embryo' schreef:

> *Wanneer voor het embryo de tijd komt*
> *om de levensgeest te ontvangen,*
> *begint tegelijkertijd de zon te helpen.*
> *Dit embryo wordt in beweging gebracht,*
> *want de zon bezielt het met geest.*
> *Van de andere sterren ontving dit embryo slechts een indruk,*
> *tot de zon erop scheen.*
> *Hoe raakte het in de baarmoeder verbonden*
> *met de schijnende zon?*
> *Op manieren die voor onze zintuigen verborgen zijn:*
> *op de manier waarop goud wordt gevoed,*
> *op de manier waarop een gewone steen een*
> *granaat wordt en de robijn rood,*

op de manier waarop fruit rijp wordt,
en op de manier waarop iemand die
radeloos van angst is moed krijgt.

We worden geboren met het gevoel dat we het universum zijn, dat alles om ons draait. Wanneer we opgroeien, beseffen we vervolgens dat we individuele entiteiten zijn en zijn we de rest van ons leven bezig onze identiteit te ontwikkelen. We gaan ook banden aan – met onze ouders, broers en zussen, partners en vrienden – die in sommige gevallen een leven lang blijven bestaan en die we in sommige gevallen loslaten. Zoals de lucht die we inademen komt en gaat, vormen we vriendschappen en laten deze los terwijl we zelf andere mensen worden. Wanneer we onze maskers afzetten en ons zachte innerlijke zelf onthullen, leren we van anderen over onszelf.

Dit proces van individuatie, verbinden en loslaten, dat door de metaalenergieën wordt geregeerd, houdt risico's in. Banden aangaan die opgegeven kunnen worden stelt ons bloot aan potentiële droefheid en smart. Maar het stelt ons ook open voor nieuwe mogelijkheden. Zoals bij sommige dansen, houden we handen vast, laten ze los, gaan terug naar de plek waar we zijn begonnen, en grijpen de hand van een ander. Wanneer de partners veranderen, wordt de dans nieuw. En de dans stelt ons in staat ons ware zelf te vinden.

Maar de metaalenergieën geven ons niet alleen ons zelfgevoel, ze bevrijden ons uiteindelijk ook van de behoefte aan anderen om ons het gevoel te geven dat we ergens bij horen. Ze helpen ons om ons te hechten, ons los te maken en een steeds ruimere relatie met de wereld aan te gaan – via vrienden, scholen, kerken, loopbanen en culturele organisaties. Terwijl we steeds hoger in harmonie komen met de energie van de kosmos, komt onze oorspronkelijke denkbeeldige scheiding van het goddelijke, die begon toen we onze eerste ademhaling aanvaardden, weer bij het begin terug en we voelen ons met alles verbonden en ontdekken het goddelijke overal, zowel in ons als buiten ons.

Deze terugkeer naar het ware zelf wordt in verband gebracht met de energieën van de herfst: met het oude dat plaatsmaakt om op het verschijnen van het nieuwe te wachten. Hoewel bomen waarvan de bladeren op de grond liggen dood lijken te zijn, zullen ze wanneer de warmte en het licht terugkeren weer uitlopen. Alleen dankzij de dood, met zijn samentrekkende energieën waartegen we ons zo hevig verzetten, kan nieuw leven verschijnen. Hoewel het buitengewoon pijnlijk kan zijn om een deel van je leven te laten wegvallen – sommige dingen die je gewoon niet wílt loslaten – stelt dit loslaten je krachtige metaalenergieën in staat je naar nieuwe niveaus te verheffen en je nieuw leven en nieuwe mogelijkheden te bieden.

 ## Onevenwichtige metaalenergieën

Metaalenergieën beschermen ons tegen de externe omgeving. Gebrekkige longenergieën komen in de ademhaling en de huid tot uitdrukking. Mensen met zwakke longenergieën vertonen vaak allergieën. Evenals aandoeningen van de luchtwegen als astma, kortademigheid, chronische of terugkerende kuchjes, sinusinfecties, frequente verkoudheden, huiduitslag en netelroos. Aangezien metaalenergieën loslaten regeren, en dus het vermogen tot ontlasten, kunnen onevenwichtige metaalenergieën zich ook in chronische constipatie openbaren.

Metaalenergieën die niet in harmonie en evenwicht zijn, kunnen je stijf en onbuigzaam maken, net als metaal. Po grijpt het leven zelf, en wanneer excessieve metaalenergieën tot uitdrukking komen, kan het leven te stevig worden vastgegrepen. Mensen met onevenwichtige metaalenergieën spannen zich vaak buitensporig in om te proberen zichzelf en iedereen en alles in hun leven in bedwang te houden. Maar dat werkt nooit, zoals velen van ons hebben geleerd. Het leven beweegt, het is niet statisch, en hoewel we het vorm kunnen geven, kunnen we het niet in bedwang houden.

Dit gaat tegen onze socialisatie in, die ons vanaf de allereerste regels van onze ouders leert ons aan de normen en wetten te houden die door een externe autoriteit zijn vastgesteld. Dus gaan mensen geloven dat alle ongewenste dingen in bedwang gehouden kunnen worden. Ze proberen eindeloos de omstandigheden in hun leven in bedwang te houden, en hierdoor maken ze dingen nog erger dan ze zijn, omdat verzet samentrekking veroorzaakt, niet ontvankelijkheid. Zo trekken vrouwen die geloven dat ze onvruchtbaar zijn zich tot een gemoedsgesteldheid van angst, verdriet en verlies samen, waardoor ze zich steeds minder openen voor nieuw leven. Tijdens mijn vruchtbaarheidsretraites zie ik voortdurend vrouwen die alles geprobeerd hebben om een kind te krijgen. Hoe meer ze echter vechten, hoe minder ontvankelijk voor leven ze worden.

Dit verzet, deze felle strijd om de komst van een kind af te dwingen, is het eerste onderwerp dat ik tijdens mijn vruchtbaarheidsretraites behandel. Ik probeer mijn patiënten te helpen om los te laten en op te houden met vechten, om zich open te stellen voor een ontvankelijke, expansieve gemoedsgesteldheid. Vele vrouwen die niet zwanger konden worden, raken uiteindelijk wel zwanger wanneer ze tot aanvaarding komen en hun pogingen staken. Daarom komt het ook zo vaak voor dat vrouwen zwanger worden nadat ze een kind hebben geadopteerd. Door de strijd om een kind los te laten, komen ze in een zijnstoestand die mogelijkheden en hoop biedt. Wanneer je je innerlijk openstelt en het leven door je heen laat ademen, kom je in evenwicht en laat je schepping toe, of het nu om een kind gaat, een nieuwe manier van leven, een nieuwe droom, of een nieuw project of nieuwe loopbaan.

Ooit kwam er een drukke vrouw die Wanda heette naar een retraite. Ze ging helemaal op in elk klein detail van elk aspect van haar leven Ze was financieel analist en had voor haar werk veel aan haar onderzoekende, scherpe geest, maar deze maakte haar ook buitengewoon gedreven en zorgelijk. Ze beschreef zichzelf als hypochondrisch en wilde elke bijzonderheid over haar lichamelijke symptomen weten. Ze vond ook dat haar artsen haar die moesten geven. Ze had absoluut geen contact met haar lichaam en wilde voortdurend van anderen antwoorden op haar vragen. 'Waarom doet mijn cyclus dit? Waarom heeft mijn bloed deze kleur? Waarom word ik 's nachts wakker om te plassen?' Ze had ook moeite met de bewegingsoefeningen die ik vrouwen tijdens retraites altijd voorschrijf om hen te helpen zich los te maken en te ontspannen. Wanda bewoog zich stijf, snapte niets van haar lichaam en kon letterlijk niet loslaten. Ze verklaarde: 'Ik ben hier niet gekomen om los te laten, ik ben hier om zwanger te worden.'

Wanda ging slechts langzaam vooruit, maar uiteindelijk was ze in staat een beetje los te laten. Tijdens de retraite werd ze opgewekter, was ze leuk gezelschap en werd ze opener en ontvankelijker. Maar zodra ze weer thuis was, stak haar ongerustheid de kop weer op. Ze stuurde me een e-mail met nieuwe zorgen: 'Ik weet niet wanneer de eisprong was. Ik ben niet meer ongesteld geworden. Mijn temperatuur is nooit gedaald. Er is iets mis!' Toen ze met haar zorgen naar haar huisarts ging, bevestigde hij dat ze zwanger was.

 ## Je metaalenergieën lichamelijk weer in evenwicht brengen

Taoïsten geloven dat de metaalenergieën tijdens het proces van ontvangen en loslaten uit evenwicht kunnen raken, met als gevolg dat je geest of ziel nee tegen het leven zegt. Gelukkig zijn er verschillende manieren om je metaalenergieën weer op één lijn te krijgen en het evenwicht te herstellen om je te helpen je met je hoogste niveau te verbinden.

Ontgifting

Om je metaalenergieën zuiver en gezond te houden dien je telkens diep in te ademen. Ook is het nodig dat je het oude elimineert om nieuwe vitale energie binnen te laten. We verwijderen het oude via uitademingen, huidcellen, zweet, tranen en feces. De ingewanden, huid en longen elimineren wat ons niet langer baat en ontgiften zo de energieën van het lichaam.

Om je huid te helpen het oude te elimineren kun je je lichaam dagelijks met een huidborstel of een droog washandje een peeling geven. Met dit proces werp je je oude huid af, zowel letterlijk als figuurlijk, zodat veelbelovende nieuwe huid kan verschijnen. Voer het doelgericht uit, maar let er wel op dat je jezelf voorzichtig behandelt. Overweeg wat je moet verwijderen en borstel het allemaal weg. Ook een sauna nemen zal je poriën zuiveren en ontgiften.

Elke dag een gezonde stoelgang hebben is eveneens een belangrijke manier waarop je lichaam gifstoffen elimineert. Veel water drinken en veel ruwe vezels in vezelrijke vruchten, groenten en granen eten zal helpen om jezelf te zuiveren van wat je niet nodig hebt en voorkomen dat gifstoffen in je lichaam worden opgenomen. Als je moeite hebt met elimineren – veel van de vrouwen die ik behandel lijden aan constipatie – verminder dan de hitte in je lichaam, die het gevolg kan zijn van gekruid voedsel en te veel innerlijke stress en spanning. Behalve de hitte in evenwicht brengen kun je rabarber en pruimen koken en het sap ervan drinken.

Beperk ook de hoeveelheid voedsel die je 's avonds eet. Als je voor het slapengaan je darmkanaal volpropt, zal het overweldigd worden door boodschappen: vullen, water onttrekken en het residu consolideren, en de inhoud van de vorige dag loslaten. Omdat de ingewanden 's nachts rusten, kan onverteerd voedsel in je darmkanaal bederven en de giftige inhoud wordt dan naar je bloedsomloop gestuurd, waardoor uitscheiding de volgende dag veel minder efficiënt verloopt.

Zelfmassage

De huid zweet om de lichaamstemperatuur te verlagen. Ze voelt ook pijn om ons van gevaar weg te houden. Deze automatische reacties voorkomen voor een groot deel dat schadelijke stoffen ons lichaam binnenkomen.

Masseer jezelf dagelijks om je bewust te worden van het belang van je huid, neem deze massage op in je zelfzorgroutine. De traditionele Chinese geneeskunde gelooft dat massage een prachtige manier is om je lichaam te bedanken. Ga in bad en masseer jezelf erna met natuurlijke lotions die met rustgevende essentiële oliën zijn geparfumeerd, zoals lavendelolie. Laat je huid weten dat je je er bewust van bent en dat je waardeert wat ze voor je doet door je gezicht, schedel, handen en voeten te masseren. Wees je ervan bewust hoe je aanrakingen aanvoelen en geniet van het behaaglijke gevoel.

Je metaalenergieën mentaal en emotioneel in evenwicht brengen

Je lichaam ontgiften is goed om je in staat te stellen verlevendigende energie op te nemen en substanties die niet goed voor je zijn los te laten. Maar je moet ook je geest en ziel in staat stellen gehechtheden die giftig voor je zijn los te laten. Vraag je elke dag af: wat ben ik bereid los te laten? Door ongezonde gehechtheid aan dingen, mensen, werk of levensomstandigheden op te sporen zul je kunnen beoordelen of je grenzen moet versterken, iets aan de situatie moet doen, of je er helemaal uit terugtrekken.

Huilen is een van de manieren waarop we gehechtheid loslaten. Wanneer we droevig zijn of treuren, trekt ons lichaam samen, de longen en de borstkas spannen zich, en deze druk wordt in een huilbui of gekreun losgelaten. Wanneer we niet in staat zijn ons aan de behoefte om te huilen en los te laten over te geven, leidt dat tot minder energie en hebben we niet de kracht om onszelf op een hoger niveau te brengen.

Ontkenning en verzet belemmeren de juiste expansie van longenergieën en gaan in tegen de opwaartse en buitenwaartse richting van de geest en ziel. Hoewel het natuurlijk en noodzakelijk is om te treuren om belangrijke verliezen, zit je jezelf met treurnis die te lang duurt in de weg, waardoor verhinderd wordt dat je een hogere orde schept, die uitsluitend door overgave kan worden bereikt. Als je de externe werkelijkheid niet kunt aanvaarden, begint je innerlijke wijsheid te rafelen. Er ontstaat een kloof tussen perceptie en werkelijkheid die je vitaliteit uitput en verwarring schept.

Om te voorkomen dat dit gebeurt, decreteerden oude Chinese samenlevingen dat een zoon wanneer zijn vader stierf zich drie dagen lang in rouw mocht onderdompelen, waarbij hij gedurende die tijd onafgebroken huilde terwijl hij voor het lichaam van zijn vader zorgde. Na de drie dagen eindigde de intense rouwperiode en ging het leven verder (hoewel de rouwperiode een jaar kon duren). Wat we hieruit leren is dat het essentieel is om na ons in verdriet te hebben ondergedompeld dit vervolgens los te laten.

Een van de krachtigste manieren om verdriet te helen is een gesprek van ziel tot ziel waarin we om het verdriet van een ander meehuilen. Zoals rivieren in zee uitmonden, zo kunnen onze eigen kwellingen worden verlicht door ons bij de waterwegen van een ander aan te sluiten. Heb je ooit zin gehad om te huilen toen je het verdriet van een ander echt voelde? Wanneer we onze zijrivier van tranen bij een andere zijrivier voegen, wordt de ziel aangeraakt en geheeld.

Ik ben bij elke vruchtbaarheidsretraite getuige van die ongelofelijke vorm van heling. Wanneer vrouwen die vergelijkbaar hartzeer hebben elkaar hun verhalen vertellen, heeft er op een dramatische manier heling plaats. Wanneer ze elkaar zien, zich om elkaar bekommeren en elkaar deelgenoot maken van hun pijn, wordt hun eigen pijn een beetje minder. Hoewel ieder van hen zich misschien gebroken voelt, zien ze wanneer ze zich met een andere vrouw verbinden die dezelfde pijn doormaakt haar nog steeds als heel – en dan kunnen ze niet anders dan ook zichzelf zo zien.

Emotionele heling ontstaat door overgave, door jezelf toe te staan de controle los te laten, iets dat onbekend is voor je. Dan laat je de druk in je innerlijke diepten zijn werk doen, waarbij je scherpe kanten getransformeerd worden en je koolstofpotentieel tot een diamant getransformeerd wordt. Volledige overgave verschaft complete bevrijding en vrijheid, herstructureert je in feite, en stelt je in staat volgens een zuivere gesteldheid te leven waar je energieën echt op een hoger niveau trillen.

Sophia, een Oost-Europese immigrante en enig kind, zag haar grootvader sterven toen ze zes was en verloor haar vader toen ze tien was. Tijdens een retraite vertelde ze hoe haar moeder, die de Tweede Wereldoorlog ternauwernood had overleefd, Sophia dicht tegen zich aan drukte, zodat ze nauwelijks adem kon halen. Sophia voelde zich verbonden met degenen die gestorven waren en leidde een ongelukkig eigen leven omdat ze zich vanbinnen dood voelde. Tijdens de retraite probeerden we haar po te herstellen door met behulp van acupunctuur, doelgerichtheid en een dagboek bijhouden te bewerkstelligen dat ze de dood aanvaardde en losliet. Nadat ze zich had overgegeven aan het diepste verdriet dat ze ooit gevoeld had, was ze eindelijk in staat het leven te aanvaarden.

 ## De transformerende kracht van metaalenergieën

Zoals metaal door hevige hitte een nieuwe vorm kan krijgen, zo kunnen de metaalenergieën zich met andere energieën verenigen om transformatie mogelijk te maken. Wanneer metaal, water, hout en aarde zich verenigen en diep in je zwanger mogen zijn, stellen ze je in staat je hoogste zelf te bereiken. Via dit alchemistische proces vormen deze energieën je tot een nieuwe zijnstoestand.

Maar deze wisselwerking kun je niet afdwingen of controleren – ze ontstaat door loslaten. En de kracht ervan openbaart zich niet aan de oppervlakte. Zoals metalen diep in de aarde worden gevormd, zo heeft transformatie diep vanbinnen plaats. Daar doet de hevige druk van het leven zijn werk – lijden en pijn worden veranderd in bewustzijn en verlichting. De hoogste, zuiverste scheppingen ontstaan vanuit de krachtigste levensdruk. In mijn geval kon ik de extatische hoogten bereiken die ik later ervoer door te leren het onmetelijke lijden dat ik ondervond los te laten. Dit was de brandstof voor mijn transformatie.

Het transformatieproces begint met jezelf kennen en van je bron houden – diepgaand.

- ❁ **Water** – Je moet jezelf accepteren, met rimpels, wratten, schaduwaspecten en al. Vanuit deze zijnstoestand groeit het verlangen om te scheppen, te worden.
- ❁ **Hout** – Je stelt je voor wat je wenst te scheppen. Vervolgens combineer je je eigenliefde met bewuste intentie en actie om scheppingskracht mogelijk te maken.
- ❁ **Aarde** – Welke acties moet je uitvoeren om jezelf met dit

gerichte voornemen in harmonie te brengen? Vervolgens laat je je door los te laten en geen weerstand te bieden tot een nieuwe en overvloedige zijnstoestand vormen.

- **Metaal** – Geef je over aan wat er is. Je hoeft niet weg te rennen of je te verbergen. Je laat het oude los zodat er een nieuwe orde kan worden gevestigd.
- **Vuur** – Stel je open voor je hoogste zijnsaspect, je ziel.

De naar beneden gerichte energie van metaal drijft ons opwaarts.

Zo treed je in de voetsporen van een van de hoogste mystieke symbolen in de Chinese mythologie, de Koningin-Moeder van het Westen, Xi Wang Mu, godin van het ultieme yin. Deze koningin-moeder zetelt waar de aarde zich van de zon afkeert, en stelt zo de dood voor van alle dingen die niet langer dienstdoen. Ze symboliseert het aspect van het goddelijk vrouwelijke dat oude gewoonten laat sterven, ongeschikte partners loslaat en schadelijke levensinteracties stopt. Ze staat ook voor de dood van de stoffelijke vorm wanneer we dit aardse voertuig niet meer nodig hebben.

Phoebe was fotomodel. Haar grootste angst was dat ze haar jeugd en schoonheid zou verliezen. Telkens wanneer ze een rimpel zag, voelde ze zich door de dood beslopen. De spirituele leraar Bhagavan Das zegt: 'Wanneer je je God niet kunt herinneren, herinner je dan de dood. Hij zal je er brengen.' Nadat ik met Phoebe gesproken had, besloot ze haar angst voor de dood rechtstreeks onder ogen te zien en ze begon op bezoek te gaan in een verpleegtehuis, waar ze elke week bij mensen zonder familie langsging. Nadat ze dat enige tijd gedaan had, besefte Phoebe dat ze niet bang was voor de dood, maar voor een nieuwe levensfase. Wie zou ze zonder haar mooie uiterlijk zijn? Dit besef gaf haar het gevoel oppervlakkig te zijn, en dat vond ze niet prettig. Ze deed haar best om een nieuwer, beter zelf te scheppen door het tehuis bijna elke avond te bezoeken en de oude mensen voor te lezen, hun haar te kammen en hun het gevoel te geven dat er van hen gehouden werd en voor hen gezorgd werd. Zo gaf ze ook zichzelf liefde en zorgzaamheid.

Geheim 5
Laat weerstand los

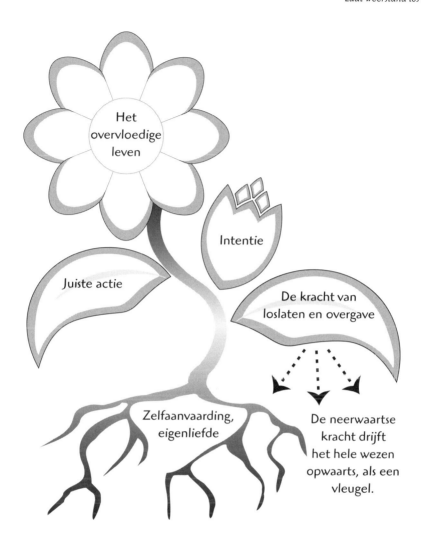

 Je eigen weg vinden

Tot je je bewust wordt van en je verbindt met je bron, geest en ziel ben je misschien van anderen afhankelijk om je veilig en stabiel te voelen. Maar wanneer je begrijpt waar je vandaan komt en wie je bent, kun je het pad bewandelen dat voor jou bestemd was, majesteitelijk in je eenzaamheid. Zoals Albert Einstein zei:

> *Ik ben echt een eenzame reiziger en heb nooit met mijn hele hart bij mijn land, mijn vrienden of zelfs mijn onmiddellijke familie gehoord;*

ten opzichte van al deze banden heb ik altijd een gevoel van distantie en een behoefte aan eenzaamheid behouden, gevoelens die met de jaren zijn toegenomen.

Uiteindelijk wordt ons spirituele pad zó smal dat twee personen er niet naast elkaar kunnen lopen. We lopen alleen, maar zijn via onze adem met onze innerlijke stilte verbonden en we zijn ons bewust van onze verbondenheid met alles om ons heen. De elektromagnetische kracht die wordt geschapen door de interacties tussen longenergieën en bronenergieën stelt ons in staat rechtop te gaan, aandachtig, stabiel en sterk. Al lijkt het alsof we op onze grondvesten schudden, door overgave en aanvaarding stellen we onze onder het oppervlak zetelende essentie in staat door te breken en een fontein van steun, liefde en doelgerichtheid in de wereld te worden.

Ik aanvaard het universum.
— MARGARET FULLER

Geheim 6

Leef vanuit vreugde in plaats vanuit angst

生 VERSCHIJNEN

*En de dag kwam waarop het risico om strak in een knop te
blijven pijnlijker was dan het risico om te gaan bloeien.*
— ANAÏS NIN

In de vorige hoofdstukken heb je geleerd dat de waterenergieën de volledige expressie van het zelf symboliseren. Je hebt ook gezien dat houtenergieën voor de energieën staan die in verband worden gebracht met verandering en mogelijkheden. De aarde-energieën brengen dit allemaal in je kern samen. En de metaalenergieën staan voor alles loslaten wat ongeschikt of schadelijk is, zodat je als je ware zelf kunt leven. De vuur- of hartenergieën zijn de energieën van verschijnen, die het je mogelijk maken vanuit een strak opgerolde knop tot een volle, onbelemmerde, stralende bloem uit te groeien.

Wanneer bij de opvoeding angst als leidende emotie wordt gebruikt, wat bij zo velen van ons is gebeurd, raakt de toegang tot deze volledige expressie van vreugde geblokkeerd. En hoewel een productieve maatschappij vele voordelen heeft, zijn we daarin ook vaak geneigd afstand te doen van onze persoonlijke kracht en ons door externe autoriteiten te laten leiden. Dit veroorzaakt vele algemeen voorkomende, verlammende angsten: angst om niet goed genoeg te zijn, angst voor wat mensen van je denken, twijfel aan je eigen innerlijk weten enzovoort. Met oefening kunnen zelfs diep ingewortelde negatieve denkgewoonten vervangen worden door de oneindig veel krachtiger gedachten die hun basis in liefde hebben en die je natuurlijke expansie en creativiteit mogelijk maken.

Vuurenergieën

De hartenergieën ontstaan vanuit het midden van je borstkas en leveren je de kracht voor onmetelijke vitaliteit en oneindige mogelijkheden. De traditionele Chinese geneeskunde ziet het hart als het huis van de ziel. Terwijl het hart bloed pompt, laat het de ziel door ons hele stoffelijk wezen circuleren. Wanneer angst, woede en verdriet met behulp van intentie getransformeerd worden, beweegt de ziel zich vrij door het lichaam, waarbij ze ons tot zuivere verbondenheid met alle dingen in staat stelt. Wanneer onze hartenergieën evenwichtig en gericht zijn, verbinden we ons door middel van liefde met de wereld.

Zoals je in de volgende figuur kunt zien, voeren de hartenergieën je naar het toppunt van je bestaan, als bekroning van de aanvaarding onderaan en de horizontale 'doe'-energieën van hout en metaal rondom de spil van het aardse weten. Op dit hoogste punt leef je als zuivere ziel en in vrede.

Tekenen van onevenwichtige hartenergieën

Het hart regeert de ziel, dus doen de symptomen zich in de psyche voor. Als je vatbaar bent voor hartkloppingen, angst, agitatie of rusteloosheid, of als je druk bent, gemakkelijk bloost, vaak ongeduldig bent, vitaliteit tekortkomt, nachtmerries hebt of niet de hele nacht door diep kunt slapen, heb je waarschijnlijk gebrekkige hartenergieën. Omdat de ziel zich in het bloed bevindt, vertonen gebrekkige

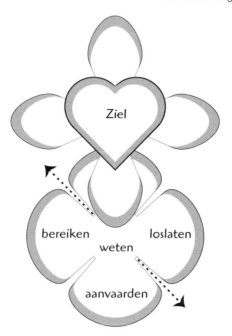

hartenergieën zich ook in aandoeningen waarbij het bloed minder vrij door de vaten stroomt, zoals bloedstasis, een aandoening die ontstaat bij het ouder worden. Ze komen ook tot uitdrukking in ziekten die je vatbaar maken voor bloedproppen, hartaanvallen, embolie en beroerten.

In de traditionele Chinese geneeskunde sluit het hart bewustzijn in, het hoogste aspect van de geest, dat het inzicht omvat waardoor de wil van de hemel wordt gekend. Als je hartenergieën geblokkeerd of uit evenwicht zijn, kunnen je emoties dus onstabiel of versplinterd raken, waardoor je je barometer voor de werkelijkheid kwijtraakt. Je kunt er bijvoorbeeld van overtuigd raken dat je niets aan het leven bij te dragen hebt en niet in staat zijn opgewekt te leven.

Onevenwichtige hartenergieën openbaren zich ofwel als excessieve ofwel als onvoldoende energie. Wanneer iemand bijvoorbeeld te veel hooi op zijn vork neemt, en daardoor hyperactief, hoogdravend of onbeheerst wordt, zijn de vuurenergieën te heet en kan de betrokkene het vuur niet meester worden. Excessieve vuurenergieën kunnen ook van invloed zijn op de psyche, en gestoord, manisch of zelfs psychotisch gedrag veroorzaken – een toestand die de Chinese geneeskunde paradoxaal genoeg te veel vreugde noemt. Dit betekent niet te veel geluk, het betekent te grote toegeeflijkheid voor opwinding, vermaak, egobeloning, voortdurend te veel doen, te veel uitgaan, te veel tijd aan de telefoon doorbrengen, te veel televisiekijken of te lang naar harde muziek luisteren. Dit alles biedt geen ruimte voor andere energieën die nodig zijn voor evenwicht. Het gevolg is een innerlijke leegte die nooit wordt gevuld, maar die soms tijdelijk gemaskeerd kan worden door overmatige activiteit.

Aan de andere kant kunnen onvoldoende vuurenergieën leiden tot depressies, een gebrek aan vreugde of passie, agitatie, rusteloosheid en een zoektocht naar externe in plaats van innerlijke vervulling. Ontoereikende vuurenergieën kunnen ook leiden tot rusteloos, onderbroken slapen. De traditionele Chinese geneeskunde legt uit dat wanneer het hart geen innerlijk anker vindt, de ziel geen rust kan vinden en doelloos door de nacht dwaalt.

 ## De goddelijke vonk activeren

Wanneer bronenergie de basis van onze daden wordt, kunnen we onze eigen goddelijke vonk activeren en authentiek leven. Wanneer bron, geest, intentie en ziel in harmonie zijn, spiralen we opwaarts naar het hoogste bestaansniveau, dat van onvoorwaardelijke liefde. Op dit niveau houden we ons niet bezig met wat of wie onze liefde waard is, we hebben gewoon lief omdat dit onze echte aard is – we *zijn* liefde. We leven in overvloed en vreugde en verspreiden de aan het leven inherente extase en gelukzaligheid.

De energieën van het hart zijn van alle levensenergieën de krachtigste. De elektromagnetische lading van de hersenen kan ongeveer dertig centimeter buiten de schedel worden waargenomen, maar de energieën van het hart kunnen op ongeveer dertig meter afstand van de persoon die ze uitstraalt worden opgevangen. Wanneer we niet door de beperkingen van angst, woede, bezorgdheid en verdriet worden belemmerd, is er geen grens aan de afstand waarover de hartenergieën zich kunnen uitstrekken. Omdat het hart zo'n krachtig

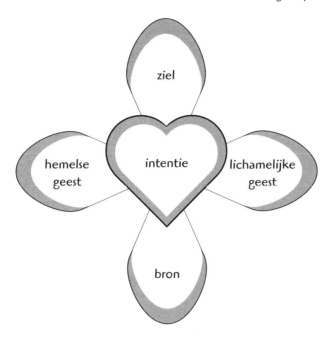

orgaan is, zien de Chinezen het als de keizerin van hun hele wezen, die door alle andere energieën wordt gediend. Het regeert vanaf zijn troon diep in onze borstkas, verbindt ons met elke andere spirituele stroom en ondersteunt het hoogste werk van onze ziel: onszelf, iedereen en alles onvoorwaardelijke liefde schenken.

De hartenergieën weer in evenwicht brengen

Hoe houden we de hartenergieën dus open, in evenwicht en in beweging? Door ons om de andere vier energieën te bekommeren – die van de nieren, lever, milt en longen. Deze organen ontvangen en treden in wisselwerking, waardoor ze de hartenergieën in staat stellen te geven. Dat betekent dat als er door de andere vier energiestelsels niet aan je innerlijke behoeften wordt voldaan, je hart niet in staat zal zijn liefde de vrije loop te laten.

Dankbaarheid en eerbied voelen is een andere manier om de hartenergieën te laten stromen. Maar omdat we hard werken voor wat we bereiken, hebben en eten, zijn we geneigd te vinden dat we recht hebben op alle dingen in ons leven in plaats van er dankbaar voor te zijn. Wanneer we dankbaar kunnen zijn voor wat we hebben en dit kunnen uiten, gaat alles nog beter en is er creativiteit in al haar vormen in overvloed. Dankbaar zijn houdt ons open, ontvankelijk en blij, en stelt ons in staat ons volledig aan het leven over te geven.

Ik neem elke dag 's ochtends als eerste een paar minuten de tijd om me met het leven te verbinden en de energieën van mijn hart tot uitdrukking te brengen. Even voordat ik opsta, wanneer ik echt wakker begin te worden, ben ik van nature geneigd me in de zorgen van de dag te storten en de echte reden waarom ik leef te vergeten. Dus voordat ik van mezelf mag opstaan, verbind ik me met de vreugde die inherent is aan het leven. Ik houd mijn ogen dicht, kalmeer mijn geest en breng mijn aandacht diep in mijn borstkas en mijn hart. Door dit te doen, al is het maar even, kan ik alles wat er de rest van de dag gebeurt relativeren en blijf ik de vreugde van het leven ervaren, welke deadlines ik ook heb of welke drama's zich ook afspelen.

Veel vrouwen ontdekken dat een dankbaarheidsdagboek bijhouden ook een manier kan zijn om je met gevoelens van liefde en dankbaarheid te verbinden. Het is heel eenvoudig: maak een lijst van dingen waarvoor je dankbaar bent: een persoon, een dag, je werk of gezin, of zelfs je huidige omgeving. Begin met gemakkelijke thema's en kijk vervolgens of je in relaties die problematischer zijn dingen kunt ontdekken waarvoor je dankbaar bent. Vergeet niet aan de belangrijke dingen te denken die we zo gemakkelijk vanzelfsprekend vinden. Waar zouden we bijvoorbeeld zijn zonder stromend water en elektriciteit? Op dagen waarop je je minder met je hartenergieën verbonden voelt, zul je door je dagboek door te bladeren aan de vele dingen herinnerd worden waarvoor je dankbaar bent, zodat je je er gemakkelijk opnieuw mee kunt verbinden.

Lichaamsbeweging is een andere manier om energie te richten. Zoals eerder besproken, laat dansen je op je eigen lied bewegen en je van je ware innerlijke aard kennisnemen. Dansen brengt ook de hartenergieën in evenwicht en helpt je om opwindend, hartstochtelijk, liefdevol en enthousiast te leven. Toen ik een paar jaar geleden een retraite in India leidde, vertelde een yogi ons zelfs: 'Vrouwen stellen zich open door te dansen.' Dus beweeg op je eigen ritme. Dans je tempel binnen.

Dans niet uitsluitend, maar probeer ook je bewust te worden van de vele andere soorten bewegingen die je de hele dag door maakt en laat ze zien en geniet ervan, of het nu om schilderen gaat, om gitaarspelen, wandelen, fitnesstraining, fietsen, een bloementuin planten of het avondeten bereiden. Ons lichaam was voorbestemd om te bewegen en elke beweging is een gelegenheid om te genieten.

Om je vuurenergieën in evenwicht te brengen en stabiliteit en rust te vinden is het ook belangrijk om gevoed te blijven en gezond te eten. Drink veel vloeistoffen en eet niet te veel heet, gekruid of uitdrogend voedsel zoals scherpe Mexicaanse, Indiase of Thaise gerechten. Vermijd koffie, cafeïne, natuurlijke of kunstmatige opwekkende middelen en, uiteraard, tabak. Eet voedsel dat het bloed en yin voedt, zoals mungbonen en bieten. Een aantal voedingssupplementen, zoals omega-3-vetzuren, pycnogenol, druivenpitten, dennenschors en bosbesextracten, zijn bevorderlijk voor het soepel stromen van het bloed. Praat met een natuurgenezer of een andere deskundige op het gebied van kruiden en voedingssupplementen om te ontdekken wat jou zou kunnen helpen.

Het is ook belangrijk om tijd voor jezelf te nemen, om naar binnen te gaan om eenzaamheid en herstel te vinden en om je grenzen in stand te houden. Hiertoe behoren ook je niet verplicht voelen de last van andere mensen op je schouders te nemen en weigeren je door anderen je te laten vertellen hoe je je leven moet leiden. Maak elke dag tijd voor rust en diepe ontspanning. Doe de meditatieve ademhalingsoefeningen die in dit boek staan, vooral voordat je naar bed gaat. Oefen overdag met jezelf tot uitdrukking brengen en je waarheid spreken.

Oefen met onvoorwaardelijk liefhebben, vanuit je besef van het goddelijke. Gewone liefde is in begeerte en bevrediging geworteld, maar goddelijke liefde heeft geen grenzen en geen voorwaarden – niets om haar tegen te houden. Er is een verschil tussen onvoorwaardelijke liefde en behoeftigheid. Als je bijvoorbeeld niet van je man of partner kunt houden wanneer hij je bedriegt, dan is dat geen liefde, maar behoeftigheid, de behoefte aan de liefde van een ander mens om je heel te voelen. Behoeftigheid heeft haar basis in de andere organen, niet in het hart. Behoeftigheid is een beweging naar binnen, liefde is een naar buiten gerichte uitdrukkingsvorm, evenals vergeving. Toch is liefde niet alleen iets dat we uitwisselen, liefde is wat we zijn; en wanneer we dit weten, stralen we het in al onze ontmoetingen uit, zelfs naar mensen die we niet bijzonder aardig vinden.

De meeste liefde op deze wereld is voorwaardelijk en eist liefde terug. Een van de meest voorwaardelijke relaties is de traditionele man-vrouwafspraak: ik zal van jou houden en mijn leven met je delen, maar jij moet op jouw beurt van mij houden en me toegewijd zijn en het met me eens zijn en tegemoetkomen aan mijn verlangens en wensen. De liefde tussen een ouder en een kind is de op één na meest voorwaardelijke relatie: ik zal van jou houden en voor je zorgen, maar jij moet op jouw beurt van mij houden en me respecteren en doen wat ik zeg; je moet dankbaar alle liefde die ik je geef ontvangen, en ook alle onderwijs en kansen die ik je bied, en in ruil daarvoor moet je presteren en een achtenswaardige jongedame of jongeman worden.

Maar echte onvoorwaardelijke liefde vraagt niets terug, ook geen tegenprestatie. De truc hiervoor is: je moet ook onvoorwaardelijk van jezelf houden. Wanneer je beseft dat je verlangen naar liefde altijd door de goddelijke jij kan worden bevredigd, bevrijdt dit je van je afhankelijkheid van anderen en de noodzaak om controle over hen uit te oefenen om je goed te kunnen voelen. Je hebt misschien nog wel de behoefte om je emoties over het gedrag van degenen die je na staan te uiten, en je eigen gedrag aan te passen, maar deze acties veranderen niets aan de toestand van liefde. Als je graag zuiver wilt liefhebben, vraag je dan af of er iemand is voor wie je geen liefde kunt voelen. Schrijf zijn of haar naam op en houd een dagboek bij van de gevoelens die je ten opzichte van hem of haar hebt. Er is meestal een andere emotie als angst, woede, bezorgdheid, jaloezie of verdriet die het vermogen tot liefhebben belemmert. Ga twee weken lang één keer per dag voor deze persoon bidden of op hem of haar mediteren, waarbij je om vergeving voor hem of haar vraagt en verzoekt hem of haar alle goeds te doen toekomen. En probeer vervolgens of je hem of haar liefde kunt sturen.

Ik probeer mijn kinderen bijvoorbeeld niet op te voeden door hun instructies te geven. Mijn kinderen zien me mijn hartstocht in mijn leven tot uitdrukking brengen – ze voelen niet de last van een moeder die via haar kinderen leeft. Ik stel grenzen en probeer hen te begeleiden en er voor hen te zijn, maar ik vind niet dat ze mijn bezit zijn en ik heb het niet nodig dat ze voor mij presteren. Wat ze bereiken, zullen ze zelf bepaald hebben en wat het ook is, ik zal trots op hen zijn. Wanneer ik verankerd en gezond ben, ben ik in staat hun mijn liefde en goede wil te betuigen zonder er iets voor terug te willen. En ze kunnen vrijelijk leven. Kinderen willen van nature goed zijn voor zichzelf, hun vrienden, ouders en leraren. Ze krijgen een diep onafhankelijkheidsgevoel wanneer ze rolmodellen volgen in plaats van bang te zijn om niet aan de verwachtingen van een ander te voldoen. En ze treden het leven met een innerlijk richtsnoer tegemoet, een inherent verantwoordelijkheidsgevoel voor de eigen daden en de gevolgen ervan.

Omgaan met dieren vormt een prachtige manier om gevoelens van onvoorwaardelijke liefde te bevorderen. Door een kat of hond te aaien kun je onmiddellijk door liefde overspoeld worden. De natuur heeft deze uitwerking ook: neem de tijd om te horen hoe de wind door de bomen waait, hoe het buiten ruikt na een regenbui. Je hier ten volle en puur van bewust zijn is hetzelfde als onvoorwaardelijke liefde, het stelt je in staat je met het leven en met vreugde te verbinden.

Susan was een lieve, authentieke vrouw die genoot van het leven dat ze leidde, samen met twee katten en een hond. Toen werd ze verliefd en ze trouwde met een man die de enige zoon was van Griekse immigranten. Dezen vonden dat het zijn plicht was om een kind voort te brengen om de familienaam in stand te houden. Maar dit was niet Susans weg: haar lichaam, geest en ziel weigerden aan dit proces deel te nemen. Toen ze naar een retraite kwam, had Susan al vele in-vitroprocedures achter de rug, waaronder ze zeer geleden had en waarvan ze niet zwanger was geworden. Er was bij haar echter wel een levensbedreigende auto-immuunziekte ontstaan.

Tijdens mijn behandeling ontdekte Susan dat ze voor haar man een valse identiteit had aangenomen en dat ze niet haar eigen waarheid in haar leven tot uitdrukking bracht. Haar werkelijke passie was niet een kind bemoederen, maar zich voor het leefgebied van dieren in het wild inzetten. Toen Susan de kracht van haar intentie voelde, scheidde ze van haar man en vond ze grote vreugde op haar nieuwe weg. Ook blies ze de relatie met haar zus nieuw leven in, die Susans belangstelling voor dieren deelde. Uiteindelijk blies Susan ook nieuw leven in haar relatie met haar man, die tijdens de scheiding had ontdekt dat Susan zijn ware liefde was en dat hij naast haar wilde staan in plaats van aan de verplichtingen te voldoen die zijn ouders hem hadden opgelegd. Terwijl ze haar levensthema's heelde, was ze in staat geleidelijk met het gebruik van steroïden op te houden, want haar auto-immuniteit verdween.

Open breken, niet in stukken breken

Het hart heeft een verbazingwekkend vermogen tot helen. Na een hartaanval kan het hart herstellen en kan de betrokkene weer een actief leven gaan leiden. Wanneer het hart in spiritueel opzicht beschadigd is, door afwijzing, of door het verlies van een geliefde of een droom, kan het ook herstellen: door open gebroken te zijn in plaats van in stukken gebroken.

Tragische omstandigheden kunnen een hart verwonden en het kan ervan in stukken breken, die iemand dan de rest van haar leven probeert te lijmen, een doel dat gehinderd wordt door een slachtofferhouding en een negatieve houding ten opzichte van de eigen identiteit: ik ben een slachtoffer van misbruik, een kind van een alcoholist, een moeder die tegen dronken automobilisten is, een onvruchtbare vrouw. Maar wanneer je probeert stukjes hart aan elkaar te lijmen, word je gedwongen het verschrikkelijke verhaal voortdurend te herbeleven, waardoor je de pijn van vroeger lijden verlengt.

Het alternatief voor deze verwoesting is je hart opengebroken te laten worden, zodat ware heling kan plaatsvinden. Het is menselijk om afleiding te zoeken. In het hart bevindt zich echter een plek die boeddhisten 'de plaats van geen hoop' noemen, die ook kan worden beschreven als een plaats van geen verwachting dat dingen anders zullen zijn dan ze zijn. Hoewel je misschien denkt dat er zonder de mogelijkheid van hoop op iets anders geen heling kan plaatshebben, heeft er dan juist wél heling plaats: wanneer er geen verhaal vanbuiten is om je bij de huidige werkelijkheid weg te halen. Zoals zuivere liefde onvoorwaardelijk is, zo is pure hoop onvoorwaardelijk. De hoogste vorm van hoop is niet hopen op iets specifieks, maar om gewoon aanwezig te zijn en het leven in zijn volheid te ervaren, wat de omstandigheden ook zijn. Dat is diepgaande aanvaarding, dat is vertrouwen en overgave tegelijkertijd.

Om je hart op opengaan voor te bereiden laat je gebeuren wat er gebeurt. Vecht niet tegen dat wat is. Word niet het verhaal, het drama of de crisis. Aanvaard. Blijf volledig en aandachtig aanwezig in het moment. Je hebt misschien nog steeds wel angst, zorgen, boosheid en gekwetstheid, maar je hart is open, in staat te helen en anderen te helpen ook liefde te ontvangen.

Monique was enig kind en wist dat ze alles kon krijgen wat ze wilde hebben. Toen ze volwassen was, werd ze juriste en ze trouwde met een knappe man. Nadat haar beide ouders waren gestorven, leunde Monique volledig op haar man, maar hij was haar ontrouw. Toen ze naar een retraite kwam, kapot, wilde ze leren een veilige plek te vinden waar ze wortel kon schieten en helen.

Ik maak bij alle vruchtbaarheidsretraites gebruik van een therapeutische dichtoefening waarbij de vrouwen eerst mediteren en voornemens laten opkomen, en dan kaartjes uit een schaal trekken. Op elk kaartje staat één woord, de vrouwen rijgen hun woorden aaneen om hun eigen gedicht te maken. Monique trok de woorden 'wortels', 'vruchtbaar' en 'zuster'. Met die woorden begon haar heling. Ze schreef: 'Ik heb mijn vruchtbare ziel ontdekt, ik heb mijn ware wortels ontdekt en ik heb ze in de voedende liefde van mijn nieuwe vruchtbare-zielzusters geplant. Monique ging door met helende gedichten schrijven om ook anderen te helpen helen. Ze had een veilige plaats gevonden om wortel te schieten en een manier om liefde tot uitdrukking te brengen en te ontvangen.

 **Jezelf helen**

Iedere man of vrouw die de moed heeft om de grenzen van het bewustzijn te overwinnen kan universeel moederschap bereiken. De liefde van bewust moederschap is liefdevol mededogen voor niet alleen de eigen kinderen, maar voor alle mensen, dieren, planten, rotsen en rivieren. Het is een liefde die zich tot alle natuurlijke wezens uitstrekt. Voor iemand die zich van waar moederschap bewust is geworden, is elk schepsel zijn of haar kind. Dergelijke liefde, dergelijk moederschap is goddelijke Liefde, die God is.
— AMMA CHI

Een deel van het werk dat ik doe is vrouwen helpen hun scheppende, vruchtbare kracht te ontdekken voordat hun kinderen naar hen toe komen. Als vrouwen zichzelf helen voordat ze moeder worden, leiden ze zelf een gelukkiger leven en zijn ze in staat een betere wereld voor hun kinderen te scheppen.

Zelf begon ik dit te leren toen een van mijn eigen baby's pas een paar weken oud was. Een vriendin die op bezoek was en ik zaten diepgaand te praten over dochter en moeder zijn. Terwijl ik mijn dochtertje vasthield en naar haar absolute volmaaktheid keek, kreeg ik zó'n brok in mijn keel van de liefde die ik voor haar voelde dat ik begon te huilen. Ik had verdriet omdat ik het gevoel had dat er van mij niet op dezelfde manier werd gehouden als ik van haar hield en verbond me met mijn verdriet. Terwijl ik huilde, besefte ik dat dit samenhing met mijn hevige behoefte om zelf een kind te hebben. Via mijn kind was ik moeder van de pijn en de gebroken delen van mezelf, en de intense liefde die ik voor mijn dochter voelde, was dezelfde liefde die ik altijd had gemist. Door op deze manier open te breken en me bewust te worden van dit feit ontstond er een kanaal waardoor ik in staat was te helen. Deze ervaring maakte me ook bewust van de last die ik misschien op de schouders van mijn dochter zou hebben geladen als ik van haar had geëist dat ze mijn behoefte aan liefde vervulde en niet zelf mijn pijn had geheeld.

Ken je het oude adagium dat we pas ten volle van anderen kunnen houden wanneer we van onszelf houden? Ik denk dat dit vooral geldt wanneer we proberen moeder te worden. Ik weet dat ik pas ten volle een ouder voor mijn kinderen kon zijn toen ik emotioneel heel was en van mezelf hield. Toen ik probeerde zwanger te raken, zorgde ik zo goed voor mezelf als ik nog nooit had gedaan. Maar zodra ik bevallen was, gingen mijn gezonde gewoonten het raam uit. Ik was gezond geworden om een kind te krijgen, niet een gezonde ik.

De diepgewortelde drang om via anderen voor mezelf te zorgen vertoont zich nog steeds wel eens in de interacties met mijn kinderen. Toen Kyra besloot niet naar een dansavond van school te gaan, raakte ik in paniek, omdat ik mezelf ineens op haar leeftijd zag, toen ik me in dergelijke gevallen eenzaam en afgewezen voelde. Maar voordat ik mijn behoeften op haar projecteerde, herinnerde ik me gelukkig dat zij Kyra was, niet mij, en dat alles goed was met haar – ze had alleen geen zin om naar die dansavond te gaan. Telkens wanneer ik haar door de ogen van mijn eigen angst zie, ergert ze zich aan me en dan moet ik naar de werkelijkheid terugkomen en beseffen dat er nog steeds innerlijk werk aan de winkel is. Ik heb ervoor gekozen niet vanuit zwakte te moederen, niet vanuit wat ik als kind heb gemist.

Een moeder die vanuit wijsheid met haar kinderen omgaat in plaats van uit behoeftigheid, angst of beteugeling, zal onafhankelijkheid bij hen kweken. Wanneer je tot 'universeel moederschap' in staat bent, word je duidelijk wat het verschil is tussen opvoeden en het leven van een ander leiden. Zoals ik nooit mijn moeder toebehoorde, zo behoren mijn kinderen ook mij niet toe. Hun bron heeft hun het leven geschonken, niet mijn verlangen. En ik ben niet méér een geheel door mijn kinderen dan toen ik me voorstelde dat hun afwezigheid de bron van mijn leegte was. Zoals de grote filosoof Kahlil Gibran in zijn belangrijkste werk, *De profeet*, schreef:

*Je kinderen zijn je kinderen niet. Zij zijn de zonen en dochters van
's levens hunkering naar zichzelf.
Zij komen door je, maar zijn niet van je, en hoewel zij bij je zijn,
behoren ze je niet toe.*

Jij mag hun geven van je liefde, maar niet van je gedachten, want zij hebben hun eigen gedachten.
Jij mag hun lichamen huisvesten, maar niet hun zielen,
want hun zielen toeven in het huis van morgen, dat je niet bezoeken kunt, zelfs niet in je dromen.
Je mag proberen hun gelijk te worden, maar tracht niet hen gelijk aan jou te maken.
Want het leven gaat niet terug, noch blijft het dralen bij gisteren.
Jullie bent de bogen, waarmee je kinderen als levende pijlen worden weggeschoten. De boogschutter ziet het doel op de weg van het oneindige en hij buigt je met zijn kracht, opdat zijn pijlen snel en ver zullen vliegen. Laat het gebogen worden door de hand van de boogschutter een vreugde voor je zijn: want zoals hij de vliegende pijl liefheeft, zo mint hij ook de boog die standvastig is.

Jij bent de boog. Het goddelijke is de boogschutter. En jij wordt met kracht gebogen. Verzet je niet tegen de spanning – laat je door het leven vormen. Hoewel het soms misschien lijkt dat je de uitdaging niet aankunt, kun je dat en zul je dat. Door te vergeven, door los te laten, door de onoverwinnelijke kracht in je eigen hart te ontdekken. Door je om elk aspect van jezelf dat leeg of verwaarloosd aanvoelt te bekommeren. Onderken eventuele innerlijke leegte, voel wat je voelt, adem naar de rust van je innerlijke leegte en geef je eraan over. Je innerlijke stilte zal je grootste bron van kracht worden, wanneer je het doel niet hoeft te raken en uitsluitend aandacht schenkt aan wat je kunt beheersen: de vliegkracht van de pijl, de richting, en het loslaten.

Wat zijn de pijlen die je wilt laten vliegen? Een lied? Een manier om anderen te helpen? Een nieuwe loopbaan? Een hogere opleiding? Hoe ver wil je je door de goddelijke boogschutter laten buigen? Je nierenergieën regeren de spanning achter de boog en hoe ver de pijl kan vliegen. Hoe diepgaand wil je naar binnen kijken?

Wat heb je uitgesteld en moet nu worden losgelaten – een onafgemaakt project? Een niet uitgeoefend beroep? Dankzij de leverenergieën kan de pees losgelaten worden zodat de pijl kan vliegen. Wat wekt je innerlijke scheppingsdrang en hoe ga je die drang stimuleren, zodat ze kan worden losgelaten? De miltenergieën regeren je intentie of levensdoel. Waar zijn je strevingen op gericht en wat heb je op het oog? De longenergieën staan voor het doel zelf. Kun je aandacht schenken aan de pijl in plaats van aan het doel? Kun je het voorwerp van je begeerte loslaten, zodat je niet te zeer aan het doel hecht? En wanneer je de pijl eenmaal hebt losgelaten, kun je je dan overgeven aan het proces van het hart zelf en genieten van de spirituele reis terwijl je over de weg van het oneindige vliegt?

Denai had nooit kinderen gewild. Ze was een vrije geest die het leven ten volle leefde. Toen ze ongeveer veertig was, werd ze zwanger, een ongeplande gebeurtenis die op een vroege miskraam uitliep. Tot haar verrassing was ze helemaal kapot van de miskraam. Ze kwam naar de vruchtbaarheidsretraite om weer zwanger te raken, maar besefte spoedig dat het geen baby was waarnaar ze verlangde. We zochten uit wat de trekkracht van Denai's boog echt symboliseerde, en gaven haar doel een andere richting. Ze beschreef dit als bewustwording: 'Diep vanbinnen verschoof er iets. Maar ik had geen behoefte aan een kind. Het proces in mijn baarmoeder leidde tot het opkomen van de behoefte om mezelf helemaal vanuit mijn botten tot uitdrukking te brengen.' Toen Denai losliet, had ze het gevoel dat de zwangerschap haar van een geweldige innerlijke scheppingskracht bewust had gemaakt. Ze nam een oude liefde weer op, schrijven, en schreef een werkboek voor vrouwen over hoe je levensvreugde tot uitdrukking kunt brengen. Ze stond zichzelf toe met dankbaarheid gebogen te worden, en door op de goddelijke boogschutter te vertrouwen leerde ze authentiek en vanuit haar ziel te leven en te beminnen.

Meditatie om het hart te openen en de ziel naar huis te halen

Om je met je eigen bron van onbegrensde mogelijkheden te verbinden kun je de volgende meditatieoefening doen om je hart open te stellen en je angst los te laten.

Begin met naar je borst te ademen, waarbij je je ribben en middenrif uitzet en samentrekt, zodat je longen zich kunnen vullen en ledigen. Volg deze beweging, raak gehypnotiseerd door deze beweging. Ga vervolgens met je aandacht naar je hart, diep erin. Voel waar je adem en je hartslag elkaar treffen. Kalmeer jezelf tot je je met de adem boven en de hartslag beneden kunt verbinden. Ga steeds dieper de leegte in het midden van je hart binnen. Ga zo diep mogelijk en voel de stilte die je met het gehele universum verbindt.

In de diepte van de leegte ga je weer met je aandacht naar je kloppende hart, dat trouw en standvastig is, altijd beschikbaar en wachtend tot het zijn overvloed tot uitdrukking kan brengen. Stel je je hart voor als de keizerin op haar troon, waarbij alle andere orgaanstelsels haar ondersteunen. Luister kalm en stil naar wat ze van je nodig heeft. Wees geduldig en neem er de tijd voor. Er is tijd en oefening voor nodig om een dusdanige verstandhouding op te bouwen dat de keizerin je vertrouwt. Ze zal je datgene vertellen waarvoor je volgens haar klaar bent om het te horen. Zij weet wat het beste is. Vertrouw op haar heerschappij.

Terwijl je met deze meditatie oefent, blijf je je de hele dag door met je hart verbinden. Wanneer zich een gelegenheid voordoet, kalmeer je je geest, ga je met je aandacht naar je borst, diep erin, en luister je naar en waardeer je je hartslag. Voel hoe je hart voortdurend, weergalmend klopt en voel de liefde die het je stuurt.

Liefde is het Water van het Leven.
Drink het met hart en ziel op.
— RUMI

Geheim 7

Maak gebruik van je emoties om je leven nieuwe kracht te geven

信 VERTROUW OP JE EMOTIES

*Lof en kritiek, winst en verlies, plezier en
verdriet komen en gaan als de wind.
Rust als een grote boom te midden van
dit alles om gelukkig te zijn.*
— ACHAAN CHAA

Volgens de traditionele Chinese geneeskunde zijn emoties gewoon reacties op de omgeving. En wat ze ook zijn, ze zijn goed en natuurlijk en we hebben er het meest aan wanneer we ze ervaren, uiten en loslaten. Een volledige scala aan emoties is noodzakelijk om op de wereld te reageren en om ons met onszelf en anderen te verbinden, maar evenals geblokkeerde qi veroorzaken niet geuite of onderdrukte emoties blokkades in het lichaam en scheppen ze weerstand die een puinhoop maakt van toekomstperspectief, relaties en gezondheid.

Wanneer je een gedachte hebt, gaat deze meestal vergezeld door een emotie, die een reactie is op een gebeurtenis of jouw interpretatie van een gebeurtenis. Emoties zijn letterlijk energie in beweging. Ze dragen ladingen die invloed hebben op het lichaam: blijdschap en opgetogenheid worden als hoge, positieve ladingen ervaren en woede en angst worden als lage, negatieve ladingen gevoeld.

Als deze ladingen niet kunnen bewegen, bijvoorbeeld wanneer iets niet zo loopt als jij zou willen, kunnen ze in het lichaam vast komen te zitten, een gespannen knoop gebonden energie. Deze spanning kan een bron van stress worden, waardoor je energie wegvloeit. Om vastzittende emoties los te laten dien je de vuist die ze stevig vasthoudt te openen, zodat je de greep van de emoties fysiek, mentaal en emotioneel loslaat. De hypothalamus, het belangrijkste endocriene besturingscentrum in onze hersenen, is een buitengewoon gevoelig relaisstation om emotioneel geladen boodschappen vanuit de hersenen naar de hypofyse over te brengen en vandaar naar de endocriene klieren van het lichaam, en oefent daarbij invloed uit op bijna al onze hormonale en fysieke reacties.

Hoe meer emoties in lagen gedachten verknoopt raken, hoe dieper ze vanbinnen vastzitten. Emoties als schuldgevoel, schaamte, jaloezie en spijt kunnen in een knoop van negativiteit verpakt raken die consistent en met veel geduld laag voor laag losgeknoopt moet worden. Gelukkig kunnen deze emoties hoe sterk ze ook zijn losgemaakt en losgelaten worden, met herstel van gezondheid en harmonie als gevolg.

Hoe emoties onze organen beïnvloeden

Gezondheid komt voort uit terugkeer naar de stilte. Wanneer onze emoties op gang gebracht worden, lijken ze wel bomen die in de wind bewegen. Als bomen zich tegen de kracht van de wind verzetten, kunnen ze breken en omvallen. Maar als ze met de wind mee bewegen, worden ze deel van de muziek van het universum en keren ze uiteindelijk naar hun oorspronkelijke, stille positie terug, gezond en wel. Wij moeten als bomen zijn en de kracht van onze emoties ervaren en met onze emoties mee bewegen. Geen weerstand bieden, maar meegeven. Vervolgens moeten we de emoties uiten, loslaten en weer in evenwicht komen.

Dit is de natuurlijke manier. Een boom zegt niet: 'Ik heb vandaag geen zin in deze wind. Als ik maar stil genoeg sta, beweegt hij me misschien niet.' Maar de meesten van ons zouden de wind graag ontkennen. We willen geen veranderingen ervaren die krachtige emoties als droefheid en woede opwekken; we willen controle uitoefenen op onze omgeving, in een poging uitsluitend aangename emoties te ervaren en onze eigen blije muziek te maken.

We hebben allemaal emoties nodig, *al* onze emoties, om op een goede manier op onze wereld te reageren en met onszelf en anderen om te gaan. Om veroorzaakt door onderdrukking van emoties of koestering van te veel emoties lijden te voorkomen, dienen we op de natuurlijke manier mee te geven en altijd naar een toestand van evenwicht en kalmte terug te keren.

Wanneer onze omgeving om een reactie vraagt, produceert ze spanning die een emotie opwekt, en elke emotie wordt door een van de elementen geregeerd. Wanneer een reactie nodig is, reageert het qi van het betreffende orgaanstelsel op de situatie. In de Chinese medische tekst *Neijing*, vraagt de Gele Keizer zijn arts, Qi Bo, uit te leggen welke emoties door welke organen worden geregeerd en wat er gebeurt als gevolg van verzet tegen de emoties of van er te lang aan vasthouden. De antwoorden van Qi Bo, die ik hieronder behandel, zullen je helpen te begrijpen wat het verband tussen emoties en welzijn is.

Wanneer er sprake is van angst, daalt qi af

De nieren regeren via de bijnieren het instinct tot zelfbehoud, de fundamenteelste energie om in leven te blijven. Hun werk is de wacht houden, opletten en kijken of er gevaar dreigt. Normaal gesproken bevorderen de nierenergieën behoedzaamheid, zelfbeheersing, voorzichtigheid en terugtrekking, maar wanneer je leven door angst overheerst wordt, daalt het qi ervan zó scherp dat het bijna instort. Dit gebeurt omdat de waterenergieën van de nieren, die onder de juiste, onbelemmerde omstandigheden naar beneden gericht zijn en condenseren, zich door angst plotseling van schrik samentrekken, zodat er helemaal geen energieën naar boven stromen. Een schril voorbeeld van dit proces is iemand die verschrikkelijk bang wordt en in zijn broek plast. Als er angst blijft heersen en behoedzaamheid en beheersing een manier van leven gaan vormen, worden deze energieën pathologisch en trekken ze zich te ver terug en in, zodat uiteindelijk de aslijn tussen het hart en de nieren verbroken wordt. De desintegrerende energieën veroorzaken vervolgens een leegte in het hart en de ziel, die zich vult met bedeesdheid, onzekerheid, onrust en een gebrek aan vitaliteit. Fysiek kan deze leegte tot symptomen als benauwdheid of hartkloppingen leiden.

Criminelen leven zo, in een voortdurende paniektoestand, bang om gepakt te worden. Misschien leef jij soms ook zo en ervaar je de schadelijke gevolgen. Om dergelijke schadelijke emoties te overwinnen, is het belangrijk om er afstand van te nemen. Reflectie stelt je in staat duidelijker en objectiever te zien, als een spiegel die toont wat er om de hoek is, en dan ontstaat er ruimte waarin je de moed kunt ontwikkelen om je angsten tegemoet te treden.

Wanneer er sprake is van woede, stijgt qi op

Gezonde hout- of leverenergieën zijn fris en levendig en noodzakelijk om weerstand te overwinnen. Maar wanneer deze energieën geblokkeerd of onevenwichtig zijn, wordt de weerstand – tegen wat er is of er zou moeten zijn – aangewakkerd, waardoor frustratie en stress ontstaan, omdat we de dingen zoals ze zijn zelden kunnen veranderen. Frustratie brengt ergernis, wrok en woede voort. Woede baant zich een weg omhoog en naar buiten – daarom kun je de woede van mensen zelfs voelen wanneer ze die niet uiten.

Wanneer woede – hetzij excessieve, hetzij onderdrukte woede – het qi van de levermeridiaan blokkeert, veroorzaakt ze spanning die tot meer hitte leidt. De wet van Boyle leert ons dat wanneer de druk in een bepaald volume toeneemt, ook de temperatuur stijgt, zowel in het lichaam als bij laboratoriumexperimenten. Woede kan innerlijke druk veroorzaken, die ook in hitte wordt omgezet. De hitte stijgt op en neemt toe, met als gevolg een rood gezicht en rode ogen, stemverheffing, hoofdpijn en hoge bloeddruk, die op de lange duur organen beschadigt en de vitaliteit uitput. Ook kan langdurige spanning de lever stijf maken, zodat deze minder goed hormonen, eiwitten, gifstoffen en emoties kan transformeren. Tijdens de pre-menstruele periode kan de agitatie toenemen en kan er migraine, pijn in de borst, prikkelbaarheid en een algemeen gevoel van onbehagen ontstaan.

Maar woede hoeft niet negatief en schadelijk voor het lichaam te zijn. Wanneer woede onmiddellijk en volledig wordt geuit om de druk op de lever te verminderen, kan ze een heilzame kracht vormen om ons te helpen hindernissen te overwinnen en uit ongezonde relaties of werksituaties te stappen.

In het Chinees wordt deze beweging door een aantal ideogrammen beschreven. Het gangbaarste karakter, 氣, toont de beweging van qi onder druk, zoals het weer. Een ander teken, 惱, verbeeldt het hart en de hersenen in vuur en vlam. Eén symbool, 鯤, toont een vis die in een vogel verandert, door het water breekt en in de lucht opstijgt. Dit impliceert geweld dat bij alle begin hoort: de kracht die nodig is om weerstand te overwinnen en het geboorteproces mogelijk te maken. Een ander ideogram, 怒, kenschetst een hart en een vrouw onder iemands hand, met als implicatie een slaafse behandeling en onrechtvaardigheid. Woede kan in dit geval heilzaam en positief zijn; ze is niet schadelijk wanneer ze ons helpt iets als onmiskenbaar verkeerd te herkennen en wanneer ze wordt gebruikt om de verbinding die het verderf in stand houdt te verbreken.

Maak om onderdrukte woede te uiten je frustratie kenbaar over de situatie die je woedend maakt. Innerlijke dialoog die slechts jouw standpunt rechtvaardigt, wakkert de strijd alleen maar aan. Voel wat je voelt en kijk of je tot gedachten of daden geïnspireerd wordt waardoor je je beter zult voelen. Zou het helpen om er met iemand over te praten, erover te mediteren, erover in je dagboek te schrijven? Zou stampvoeten, huilen of schreeuwen helpen? Wanneer je uiteindelijk een manier hebt gevonden om je woede te uiten, zul je in staat zijn te aanvaarden wat er overblijft en mededogen voor jezelf en anderen kunnen ontwikkelen. Laat al het andere los.

Wanneer er sprake is van obsessieve gedachten, raakt qi in de knoop

Een obsessieve gedachte is elke negatieve gedachte, overweging, reflectie of vorm van aandacht die maar blijft rondcirkelen zonder dat er enige vooruitgang optreedt. Wanneer denken niet tot een heilzame bewustzijnsverandering of inspiratie voor actie leidt, kan het in de knoop raken, zonder begin en einde – een doolhof waarin iemand kan verdwalen, persoonlijke moeilijkheden en wereldproblemen met zich mee slepend. Deze innerlijke zwaarmoedigheid komt klem te zitten, zodat qi niet goed kan circuleren en de lichaamsorganen niet goed kunnen functioneren.

Wanneer het hart, de keizerin van al onze orgaanstelsels, aan dit innerlijke angstgevoel en voortdurende overpeinzing ten prooi valt, wordt de natuurlijke naar buiten gerichte beweging van het hart tegengewerkt. Het wordt evenals Narcissus helemaal in beslag genomen door zijn eigen spiegelbeeld en kan alleen maar aan zichzelf denken. Het zelf, losgeraakt van zijn ware aard, neemt slecht gemis waar. De wereld wordt dan niet gezien als een plaats waar overvloedige gelukzaligheid en grootsheid heersen, maar slechts als een middel om het zelf en zijn onverzadigbare behoeften te dienen. In deze verknoopte geestestoestand raakt het hart zijn vermogen tot liefhebben kwijt en kan een vrouw niet meer haar ware zelf zijn. Ga om obsessief denken achter je te laten op zoek naar de goddelijke vonk in het hoogste aspect van de aarde-energieën, waardoor deze je naar je hoogste levensdoel kunnen tillen en jij vervolgens de buitenwereld in kunt gaan om het tot uitdrukking te brengen. Door vanuit de ziel te leven, die naar buiten gericht is, vermijd je een leven dat slechts zelfvervulling tot doel heeft, een overgebleven onvolwassen perceptie uit een niet doelgericht geleid leven. Je gedachten scheppen je werkelijkheid, maar ze scheppen jou niet. Jij bent niet je opvattingen. Je bent zoveel meer. Je bent een uitdrukking van onverwoestbare geest.

Wanneer er sprake is van droefheid, verdwijnt qi

Omdat de metaalenergieën de aanzet geven tot aanspanning en zo een energiewerveling in de borstkas veroorzaken, kan overmatig verdriet een vacuüm worden dat qi verzwakt en de beweging ervan belemmert. Mensen met intens verdriet kunnen het gevoel hebben dat er geen weg terug meer zal zijn, wanneer ze eraan toegeven – en die is er ook niet. Je kunt er alleen maar doorheen gaan en aan de andere kant uitkomen.

De zoon van Larry en Jessica pleegde op zijn eenentwintigste zelfmoord. Niemand kon hun pijn verlichten nadat ze hem dood in hun slaapkamer hadden aangetroffen en ze merkten dat ze geen keuze hadden, dat ze er doorheen moesten. En daarbij ontdekten ze een diepte in zichzelf en elkaar die ze zonder dit verlies niet gekend zouden hebben. En dit geschenk is iets waarin ze anderen die geheeld moeten worden kunnen laten delen.

Hoewel verdriet en een gevoel van verlies emoties zijn waartegen we ons het sterkst verzetten omdat ze ons aan onze sterfelijkheid herinneren, dienen we ze te aanvaarden, te ervaren en los te laten om qi te laten stromen. Wanneer we ons overgeven aan de pijn van verlies, verdriet en rouw, helen we onszelf en komen we er sterker uit dan we waren.

Wanneer er sprake is van overmatige opgetogenheid, raakt qi los

Evenals alle andere emoties kan ook blijdschap excessief worden. Wanneer we te veel belang hechten aan externe prikkels om ons blij te maken, gaan we misschien te veel op zoek naar plezier en opwinding en weten dan niet meer wat ons echt blij maakt, omdat we ons niet verbinden met onze inherente innerlijke blijdschap. We vertrouwen minder op innerlijke aanwijzingen en zijn afhankelijker van externe consensus, met andere woorden: we leven van buiten naar binnen en niet van binnen naar buiten.

Maar wanneer we onze innerlijke blijdschap ontdekken, hoeven we niet elders naar blijdschap op zoek te gaan. Omdat ons hart onze rechtstreekse verbinding met het goddelijke huisvest, biedt het ons een natuurlijk gevoel van extase dat eindeloos aangevuld kan worden en geen externe prikkels nodig heeft. Een open, evenwichtig hart brengt vreugde, tevredenheid en dankbaarheid voor het leven tot uitdrukking. Het laat ons in harmonie met onszelf en met de wereld buiten ons leven. Terwijl het hart bloed door ons hele lichaam pompt, stort de ziel liefde uit die verder reikt dan het lichaam en geeft ze ons een gevoel van eenheid met het universum en ook de wetenschap dat we deel uitmaken van de goddelijke schepping.

Barbara, een deelneemster aan een van mijn vruchtbaarheidsretraites, was heel lief aan de oppervlakte maar zat vanbinnen vol onderdrukte woede. Als iets niet naar haar zin was, liet ze dat duidelijk blijken en ze klaagde voortdurend bij mijn medewerksters, hoewel ze zich in mijn gezelschap als een engel gedroeg. Toen ik met haar aan het werk ging, hoorde ik dat ze als klein kind seksueel misbruikt was en merkte dat de woede over wat haar was overkomen, die ze nog steeds binnen hield, haar bloed uitgedroogd had, zodat het niet kon stromen. Haar behandelplan bestond uit drie onderdelen: haar woede uiten en vervolgens loslaten en haar echte seksuele identiteit ontdekken. Na verloop van tijd was ze hiertoe in staat en ze werd hulpverleenster voor misbruikte vrouwen.

 ## Emotionele energieën effenen

Vrouwen helen niet door mentale kennis te accumuleren – ze helen met hun lichaam. Dus wanneer niet geuite of excessieve emoties zich ophopen en qi blokkeren, moeten vrouwen hun lichaam bewegen om de emoties te uiten en los te laten en hun vitaliteit te herwinnen. Ik maak van de volgende bewegingsoefening gebruik om vrouwen te helpen geblokkeerde emoties te bevrijden.

Met de wereld meegeven
Je kunt de hele oefening achter elkaar doen of het relevante gedeelte wanneer de betreffende emotie zich bij je voordoet. Terwijl je de

bewegingen uitvoert, kun je eventueel luisteren naar muziek die je helpt je emoties te uiten. Het proces kan een aantal lastige gevoelens opwekken, maar als je bereid bent erop te vertrouwen dat het onbehagen voorbij zal gaan, zal je innerlijke genezer een oplossing vinden waartoe geen therapeut(e) in staat is.

Denk eraan dat er niets mis is met welke emotie ook. En het is niet nodig of nuttig om jezelf te straffen voor wat je op een gegeven moment voelt, ook al heb je het gevoel dat je terrein verliest en je je niet meer zo blij voelt als je was. Je emoties zijn belangrijke, steeds fluctuerende instrumenten om jezelf te beoordelen en te leiden, en ze zijn zo natuurlijk als ademhalen. Maar hoe je ermee omgaat, maakt alles uit voor je gezondheid en welzijn, dus gebruik deze oefeningen als hulp om de energie te laten stromen.

Wanneer er sprake is van angst, breng de energieën in je dan van afdalen tot opstijgen. Wanneer je bij jezelf angst opmerkt, ga dan op je zij liggen, met je knieën en heupen gebogen, tot een bal opgerold. Adem diep naar je bron terwijl je bedenkt dat angst je samentrekt om jezelf te beschermen. Ervaar het gevoel van angst dat je over iets in je leven hebt waardoor je je onveilig voelt. Onderken de angst. Adem ernaartoe. Zie de angst zoals ze is en ontdek je innerlijke veiligheidsbasis. Wat kan je helpen om boven de angst uit te stijgen? Angst wortelt vaak in het gevoel waardeloos te zijn, of in het gevoel dat iemand iets gaat doen wat van negatieve invloed op jouw leven zal zijn. Als dit zo is, zoek dan mogelijkheden om jezelf te kalmeren, waarbij je onthoudt dat welzijn je natuurlijke toestand is. Weet dat wanneer je evenwichtig blijft, je met het universum in harmonie blijft en dat niets wat er gebeurt je goddelijke verbondenheid lang kan verzwakken. Breng jezelf beetje bij beetje en terwijl je diep blijft ademen vanuit deze zwakke, samengetrokken foetuspositie naar een sterke rechtopstaande houding.

Wanneer er sprake is van woede, blaas dan stoom af. Wanneer je waar dan ook in je lichaam innerlijke spanning, frustratie, boosheid of woede voelt, adem er dan snel en oppervlakkig naartoe. Adem vervolgens krachtig uit. Schud de woede uit je lichaam. Gil van woede.

Schreeuw van woede. Stampvoet van woede. Doe alles waartoe je woede je aanzet, tot je alle opgebouwde spanning kwijt bent. Laat je dan op de grond zakken en ga met je gevoel op zoek naar zuiver mededogen voor jezelf en de oorspronkelijke bron van je woede.

Wanneer er sprake is van obsessieve gedachten, maak dan de qi-knoop los. Heb je een naar gevoel in je buik, een reactie van je darmen op stress? Ga met alle neuronen, de kabels van in de knoop zittende gedachten, naar die plek diep in je buik. Voel hoe de spanning zich tot een strakke vuist balt die probeert iets vast te houden wat niet echt bestaat. Visualiseer de vuist en bal haar nog sterker. Vervolgens open je de vuist langzaam, vinger voor vinger, waarbij je de hand ontspant en de spanning loslaat tot ze nog slechts een open handpalm is, ontvankelijk voor voeding en frisse nieuwe opties.

Wanneer er sprake is van droefheid, breng qi dan terug. Vouw je armen voor je borst en voel het verlies, van wat of wie dan ook. Adem in, ervaar daarbij de pijn en de eenzaamheid, en tik met je vingertoppen op je borstbeen om de energie te bevrijden. Vervolgens spreid je je armen, adem je uit en laat je de pijn en de eenzaamheid gaan. Laat terwijl je je armen spreidt het deel van jou dat aan het verdriet gehecht is op een uitademing verdwijnen. Wanneer je een gevoel van bevrijding ervaart, overdrijf je vervolgens de uitademing. Voel de leegte tussen de uitademing en de volgende inademing en merk op hoe je adem op natuurlijke wijze terugkeert, en je longen met aanvaarding en liefde vult. Aanvaard de liefde die met het wezen van je ademhaling verschijnt.

Wanneer er sprake is van excessieve opwinding, haal qi dan naar binnen. Als je merkt dat je door je zoeken naar externe vervulling het contact met je lichaam kwijtraakt, haal qi dan naar binnen. Voel de liefde van de geest en stuur deze eropuit om elke cel in je lichaam te doordringen. Houd van jezelf en vergeef jezelf en vergeef ook anderen. Voel via je bloed en je ziel je hartslag en de liefde die je hart verspreidt. Stuur de rivier van liefde, onvoorwaardelijke en onbegrensde liefde, naar de diepte van je bron, naar je pure innerlijke potentieel. Nodig vervolgens alle ander energieën uit om zich bij deze machtige kracht te voegen om je te helpen je ware zelf te herkennen. Besef dat je bezig bent de conditionering te overwinnen die je ervan heeft weerhouden je hoogste zijnstoestand te bereiken; ervaar – met behulp van liefde en mededogen – het wonder dat je bent. Een dergelijke verbondenheid kan helpen je activiteit te verlangzamen tot een tempo dat met kalmte in evenwicht wordt gehouden.

Uiteindelijk doen deze dingen er het meest toe:
hoe zorgvuldig heb je liefgehad? Hoe volledig heb je liefgehad?
Hoe grondig heb je geleerd los te laten?
— BOEDDHA

Geheim 8

Leef 'verticaal' in plaats van 'horizontaal'

竖 OVEREEN-STEMMING

Jade-achtige zuiverheid heeft een vrijheidsgeheim in de lagere wereld achtergelaten: strem de ziel in het verblijf van energie, dan zul je plotseling midden in de zomer witte sneeuw zien vliegen, om middernacht de zon in het water zien gloeien. Wanneer je harmonisch voortgaat, dwaal je in de hemel rond en keer je vervolgens terug om de deugden van het ontvankelijke in je op te nemen.
— HET GEHEIM VAN DE GOUDEN BLOEM

In een oude taoïstische tekst, *Het geheim van de gouden bloem*, wordt de wonderbaarlijke uitwisseling tussen vuur en water beschreven: wanneer het vuur van onze ziel zich met de diepten van onze bron vermengt, stelt de daaruit voortkomende kracht ons in staat in een opwaartse spiraal de stoffelijke wereld te ontstijgen om op het niveau van het fenomenale te leven.

Zoals eerder behandeld, en met de horizontaal-verticale figuur geïllustreerd, is het horizontale vlak het 'doe'-vlak, waar bron en geest zich via de stoffelijke wereld openbaren: projecten, werk, gezinsleven, creativiteit, denken, spreken en doen. Het verticale vlak is het vlak van 'zijn', waar onze goddelijke aard zich openbaart, zich bij onze hoogste ziel aansluit om onze glans te laten doorstralen.

Het verticale kanaal van vuur en water

Water is het medium dat hemel en aarde samenvoegt. Het regent vanuit de wolken en de regen verdampt dankzij de kracht van de zon op aarde om de cyclus opnieuw te beginnen. Zo verbindt water ook de energieën van het onderlichaam met het vuur van het bovenlichaam, waarbij ons potentieel wordt samengevoegd met onze hoogste expressie, waardoor we in staat zijn onze bestemming in ons leven tot uitdrukking te brengen.

De vuur-waterverbinding is het duidelijkst zichtbaar tussen de eerste menstruatie (de menarche) en de laatste. Bij de eerste menstruatie voert het hart bloed en zijn leven schenkende ziel naar de baarmoeder, het 'paleis van het kind', en schenkt haar het vermogen leven voort te brengen. Bij de menopauze, het einde van de menstruatie, geeft de baarmoeder het levensgeschenk aan het hart terug, zodat de liefde en wijsheid ervan met de wereld gedeeld kan worden.

Het communicatiekanaal tussen het hart en de nieressentie, voorgesteld door de scheppingskracht van de baarmoeder, moet open zijn wil de levensvonk in enige vorm ontstoken worden. De leegte in het midden van het hart en de leegte in het midden van de baarmoeder zijn de bronnen van vrouwelijke kracht en kanalen naar het universele scheppingsproces. Wanneer er blokkades bestaan, kan de levensenergie stagneren, maar met de juiste aandacht en eerbied kan onze inherente scheppingskracht weer gaan stromen.

Het rijpingsproces

Volgens de *I Tjing* (*Yijing*) is zeven een geluksgetal, en we kunnen het belang ervan goed zien wanneer we naar de kenmerkende vrouwe-

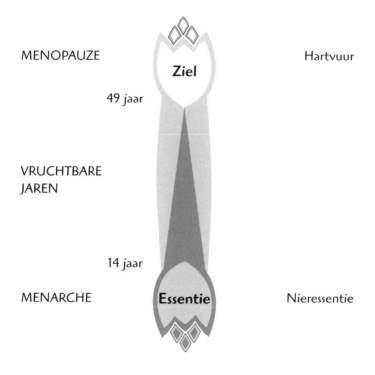

lijke rijping kijken. Vrouwen rijpen typerend in perioden van zeven jaar: toen vrouwen nog met de natuur en zichzelf verbonden waren, verloren de meeste meisjes hun melktanden omstreeks hun zevende en begonnen ze op hun veertiende te menstrueren (tegenwoordig is dat soms al op hun negende of nog vroeger). Op hun eenentwintigste zijn hun hormoonstelsel, voortplantingsstelsel, spierstelsel en skeletstelsel volledig ontwikkeld en op hun achtentwintigste zijn hun levensenergie, bloed en organen in topconditie. Vervolgens begint bij de vrouw op haar vijfendertigste haar huid te veranderen – de teint gaat achteruit – en op haar tweeënveertigste begint haar haarkleur te vervagen. Omstreeks haar negenenveertigste houdt de menstruatie op (hoewel het gemiddelde thans dichter bij de tweeënvijftig ligt) en het fysiek wordt brozer.

In oosterse culturen wordt het rijpingsproces vereerd vanwege de wijsheid die met levenservaring wordt verworven. Vrouwen die in de vereerde toestand van de menopauze komen, voelen golven van hitte terwijl hun vuurenergieën naar boven verschuiven om hun overgang naar het hoogste niveau van in het hart geconcentreerde wijsheid van brandstof te voorzien. Terwijl veel westerse vrouwen zich verzetten tegen de menopauze, zien matriarchale culturen die als een periode waarin vrouwen hun macht vergroten. In het Chinees bestaat er geen woord voor overgangssymptomen, omdat men zich niet tegen het proces verzet. De Chinezen geloven dat hitte of ongemak natuurlijk is en aanvaard moet worden – een roos verzet zich niet tegen het opengaan van haar blaadjes. Volgens dit systeem verdwijnt verzet wanneer je waardeert dat de natuur jou in staat stelt je tot je stralendste bloei te ontwikkelen.

Maar er is enorm veel energie nodig om dit levensproces van brandstof te voorzien. Om je lichaam tijdens de menopauze op zijn best te laten functioneren raad ik je aan gezond te eten, je bron te voeden en extra water te drinken, zodat de nieren overvloedig voorzien worden. Hoewel deze natuurlijke toestand geen ziekte is en niet per se 'genezen' hoeft te worden, kunnen bepaalde kruidenmengsels (zoals zilverkaars en epimedium) en voedingssupplementen (zoals calcium, magnesium en vitamine D) het lichaam tijdens deze veranderingen ondersteunen. Hoewel de westerse geneeskunde vraagtekens zet bij de doeltreffendheid van deze natuurlijke remedies, kent het gebruik van vele ervan een lange gebruiksgeschiedenis. Ga voordat je deze therapieën probeert of veranderingen in je eetgewoonten doorvoert wel eerst naar een natuurgenezer of andere 'gezondheidswerker' met verstand van natuurgeneeskunde, om wisselwerkingen tussen supplementen en geneesmiddelen te voorkomen.

 ## De dynamiek van vuur en water

Vuur is het ultieme yangelement: het is helder en beweegt zich naar boven en naar buiten. Maar wanneer er brandstof genoeg is, kan vuur onbeheersbaar gaan branden en daarbij alles op zijn weg verslinden. Ook het ego kan onbeheersbaar gaan branden wanneer het zich te veel met zichzelf voedt, en dan een onverzadigbare vlam worden.

Geheim 8
Leef 'verticaal' in plaats van 'horizontaal'

Water is het ultieme yinelement: wanneer het de kans krijgt, gaat het steeds dieper, altijd op zoek naar duisternis en diepte. Maar water wordt ook met angst in verband gebracht en kan een instrument van het ego worden, dat diens valse behoefte om zichzelf te beschermen ondersteunt. Dan kan het element water de wereld benaderen alsof iedereen zijn vijand is die zijn kans afwacht om het droog te leggen of te vervuilen.

Vuur en water houden elkaar in bedwang, evenals de organen die ermee in verband gebracht worden, het hart en de nieren. De nieren verschaffen koelte, vochtigheid en voeding om de naar buiten gerichte dynamiek van het hart in evenwicht te houden, maar als er strijd tussen de twee bestaat, kan een van deze elementen de overhand nemen. Wanneer vuur onbeheersbaar brandt omdat de nieren niet in staat zijn goed te koelen en te voeden, kun je rusteloos en ongeconcentreerd worden. Je kunt ook je relativeringsvermogen kwijtraken, omdat je emoties grillig zijn, of naar angstigheid neigen omdat je ziel geen voeding heeft of geen reden om naar het hart terug te keren. Omgekeerd kan het element water wanneer het te overvloedig is het vuur van het hart doven. Dan kun je gedeprimeerd raken en in een neerwaartse spiraal terechtkomen.

Wij in het Westen plegen de voorkeur te geven aan licht en helderheid en wijzen alles wat we als donker en negatief beschouwen af. We zijn buiten onszelf op zoek naar geluk en opgetogenheid en proberen melancholie te vermijden door negatieve gevoelens te verstoppen en te negeren in plaats van de informatie die ze ons bieden te gebruiken om ons te helpen weer tot verbondenheid te komen. We wijzen yin, of donkerheid, af, maar juist yin plaatst licht in perspectief. Wanneer we proberen steeds hogere niveaus van verticaal leven te bereiken, moeten we onszelf helemaal accepteren, zowel het licht als de duisternis, en weten dat geen enkele emotie ooit ongepast is. Door te leren het licht van ons bewustzijn op alles te laten schijnen wat we voor onszelf en de buitenwereld verborgen hebben, is het mogelijk boven het in onze diepste spelonken begraven puin uit te stijgen en genade te vinden.

De verticale energieën weer in evenwicht brengen

Rigide vasthouden aan vertrouwde horizontale energieën – de uitputtende 'doe'-activiteiten die het ego voldoening geven – weerhoudt vrouwen ervan bij hun spirituele potentieel te komen. Voor een optimale gezondheid en optimale voldoening dien je drie gebieden van verticale lichamelijke energie bloot te leggen en te voeden: je onderbuik, je middelste deel en je borst en hoofd. Zoals in hoofdstuk 1 werd uitgelegd, is het onderste gebied de levensfundering, ofwel bronenergie, die onze aangeboren talenten en ons vermogen tot scheppen en voortplanten huisvest. Het middelste gebied, ofwel geestenergie, strekt zich horizontaal door het midden van het lichaam uit en stelt ons in staat ons aan de wereld kenbaar te maken via gedachten en emoties, woorden en daden, en om uitingen van anderen te ontvangen. Het hoogste gebied, ofwel zielenergie, verbindt ons met onze ziel en zet ons aan ons beste zelf te openbaren en onvoorwaardelijk blij te zijn.

Wanneer de drie energieën verticaal in evenwicht worden gehouden, ontstaat er een rustig, gelukkig leven, maar de meeste vrouwen verbruiken een overweldigende hoeveelheid geestenergie aan horizontaal leven: ze zijn bij te veel externe activiteiten betrokken, zijn bezeten van hun eigen gedachten en voeden hun ware zelf en ziel niet. Je weet hoe je je voelt bij deze manier van leven: eerder uitgeput dan vitaal en tevreden.

Om je op je innerlijke verticale verbinding af te stemmen, kunnen je energieën weer in evenwicht worden gebracht door veranderingen in je levensstijl door te voeren. Eén ervan is grenzen stellen en handhaven die samenhangen met alles wat je doet: gezond, onbewerkt, biologisch voedsel eten dat je spijsverterings- en stofwisselingsstelsel niet belast en ademhalingstechnieken beoefenen die je ziel met je bron verbinden.

Je verticale ontwikkeling bevorderen heeft als extra voordeel dat je je gezondheid beschermt: het helpt stress te verminderen en dus ziekte. Hoewel duizenden jaren geleden de stressreactie essentieel was om te overleven, zijn we tegenwoordig noch genoodzaakt voortdurend voor ons leven te rennen, noch een leven te leiden dat door de zintuigen wordt gedicteerd. We hebben thans de kans om vanuit de ziel in overvloed te leven.

 ## Boven obsessieve verlangens staan

Hoewel verlangens natuurlijk zijn, kunnen ze opwaartse beweging op het verticale vlak belemmeren. Ze kunnen je vasthouden in een patroon waarbij je je eerst tekort voelt schieten, vervolgens op een machteloze manier probeert hunkeringen te bevredigen, waarna je alleen nog maar meer wilt, maar je nog machtelozer voelt om je verlangens te vervullen.

Wanneer sterke verlangens in harmonie zijn met de beweging van je hart en met je omgeving, kunnen ze je spirituele verbondenheid versterken en eraan bijdragen. Maar wanneer je verlangens koestert die enorm belangrijk lijken maar tegelijk angstaanjagend en frustrerend onbereikbaar zijn, blokkeer je in feite de verwezenlijking ervan – zelfs het zuiverste, deugdzaamste verlangen kan een gevangenis worden wanneer je zó aan het resultaat hecht dat je losraakt van wie je bent en wat je werkelijk in het leven wilt. De meeste mensen zullen bijvoorbeeld verlangen gelukkig, spiritueel verlicht, gezond enzovoort te zijn. Al onze hunkeringen hangen op de een of andere manier met dat allergrootste verlangen samen, maar het is vaak gemakkelijk om het zicht op het grote geheel te verliezen en erop te staan dat het via een specifieke relatie, baan of ander doel moet gebeuren. Mensen met deze houding zijn als de boogschutter die te graag zijn doel wilde raken, over wie de Chinese filosoof Zhuang Zi ooit zei: 'De behoefte om te winnen berooft hem van zijn kracht.'

Heb je ooit zó naar een bepaalde romantische relatie verlangd dat je excessieve verlangen voorkwam dat die ontstond en eerder ellende dan vervulling veroorzaakte? Heb je gemerkt dat wanneer je in staat bent open te blijven staan voor elke wending die een relatie zou kunnen nemen, zonder een specifiek resultaat nodig te hebben, de relatie zich veel harmonischer ontvouwt? Het bekende voorbeeld van vrouwen die wanhopig graag een baby willen en zwanger worden nadat ze een kind geadopteerd hebben en hun gerichtheid op zwangerschap hebben losgelaten, is de volmaakte illustratie van de manier waarop een obsessie met vervulling botst.

Hieronder staan enkele voorbeelden van de manier waarop onvervulde verlangens obsessief kunnen worden.

Zuiver verlangen	Poging wens te vervullen	Resultaat
Baby heeft honger.	Op huilen wordt niet gereageerd.	Zelfs voedsel zal geen bevrediging geven.
Tienermeisje wil vriendje.	Meisje richt zich op een jongen die geen belangstelling voor haar heeft.	Meisje raakt geobsedeerd, voelt zich niet goed genoeg, is jaloers op andere vrouwen.
Vrouw wil kind.	Er volgt geen zwangerschap.	Vrouw moet hoe dan ook een kind hebben, ook al gaat het ten koste van haar relatie, gevoelens of zelfbeeld.
Vrouw verlangt naar liefde van haar man.	Man is emotioneel onbereikbaar.	Vrouw heeft affaire, bevredigt lust maar hunkert nog steeds naar liefde.

Hoe kun je obsessieve verlangens vermijden? Hieronder staat hoe de vorige voorbeelden zouden kunnen aflopen wanneer de betreffende persoon wel vervulling vindt.

Zuiver verlangen	Poging wens te vervullen	Resultaat
Baby heeft honger.	Op huilen wordt gereageerd.	Voedsel is heel bevredigend.
Tienermeisje wil vriendje.	Blijft van haar eigen interessen genieten.	Behoudt de controle over haar geluk, trekt iemand aan die dit bij haar ziet.
Vrouw wil kind.	Probeert misschien zwanger te worden, maar geniet ook van kinderen van vrienden en besteedt tijd aan haar andere creatieve interessen.	Heeft regelmatige, tevredenstellende interacties met kinderen en/of haar scheppings-kracht, waarvan ze ontspannen en gelukkig wordt en waardoor zwangerschap waarschijnlijker wordt.
Vrouw verlangt naar liefde van haar man.	Man is emotioneel onbereikbaar.	Vrouw richt zich op herstel van haar liefde voor zichzelf; man voelt zich dankzij haar mooie verbondenheid met zichzelf weer tot haar aangetrokken of zij kan duidelijk inzien dat het tijd is om bij hem weg te gaan.

Wanneer je probeert een obsessie los te laten die al veel macht over je heeft, kan het helpen om je aandacht bij het voorwerp of onderwerp van je begeerte weg te halen en eraan te denken dat je mag kiezen of je je met je verlangen wilt verbinden of niet. Laten we eens nauwkeuriger onderzoeken hoe dat in zijn werk gaat bij een onvervulde wens om zwanger te raken (je kunt het woord 'kind' door elk ander gewenst object vervangen, hetzelfde proces is van toepassing).

1. Je verlangt naar een kind – zuiver.
2. Onsuccesvolle pogingen om een kind te krijgen leiden tot *weerstand* – gevoelens van angst, woede en deprivatie. Negatieve gedachten – bezorgdheid of je wel zwanger kunt worden, afgunst omdat een andere vrouw wel zwanger is – voegen aan deze weerstand zorgen, stress en een horizontale poging je verlangens onder controle te houden toe, waardoor de bron (baarmoeder) van de leven schenkende krachten van het hart wordt afgesneden.

OF

3. De *zuivere* wetenschap dat wat essentieel is in de een of andere vorm naar je toe zal komen, zolang je aandacht schenkt aan hoe je je voelt en open blijft. Dit proces opent in feite de as zielbron, zodat je op één lijn komt met het vermogen van het universum om je wensen te vervullen.

Neem tijd om te mediteren en ook om de vele zegeningen van het leven op te merken en te waarderen, van de meest alledaagse (doorspoelende toiletten!) tot de persoonlijkste (hoe je huisdier je aankijkt terwijl je het aait).

Als je bij stap 1 onevenwichtigheden corrigeert, zal het verlangen zuiver blijven, onbezoedeld door angsten en frustraties en dan zal er geen weerstand optreden, of de weerstand zal verdwijnen. Voor het voorbeeld hierboven geldt dan met andere woorden: als je probeert jezelf te betrappen wanneer je onzekere gedachten over een kind krijgen begint te vormen, en je in plaats daarvan concentreert op dankbaarheid voor alles wat je wel hebt en je geen zorgen maakt over wat je niet hebt, zal de weerstand verdwijnen.

Hoe je op onvervulde verlangens besluit te reageren maakt het hele verschil uit – niet voor je kansen op toekomstige vervulling, maar omdat het betekent dat je *nu* een gelukkiger leven kunt leiden. Als je in het waardevolle moment blijft en je met je bron en ziel verbindt, zullen je hartenergieën open blijven, zodat je qi en bloed soepel kunnen stromen. De ademhalingsoefening verderop in dit hoofdstuk zal je helpen gemakkelijker je kalmte te herwinnen.

Om ervoor te zorgen dat een zuiver verlangen niet bezoedeld raakt en tot een obsessie wordt, dien je te leren hoe je je geest stil kunt laten worden, dat is de sleutel. Stilte weerspiegelt, evenals water, alles wat er is, maar wordt niet de weerspiegelde dingen. Zuiver waarnemen kan uitsluitend in stilte gebeuren, nadat de golven van emotie gekalmeerd zijn. Wanneer de energie van een emotie bedwongen is, laten de meridianen haar los, zoals rivieren die naar de zee stromen. Daar, in de levensstroom, wordt blijdschap op een natuurlijke manier gevoeld en geuit. Zoals de confucianistische filosoof Xun Zi zei:

> *Niemand die overmatige aandacht aan externe objecten schenkt kan eraan ontkomen angstigheid in haar geest te voelen. Geen enkele vrouw wier gedrag uit waarachtige principes voortkomt kan eraan ontkomen door externe krachten te worden bedreigd. Geen enkele vrouw die door externe krachten wordt bedreigd kan eraan ontkomen ontzetting in haar geest te voelen.*
> *Als de geest vol angst en ontzetting is, zal de mond, hoewel hij vol verrukkelijk voedsel is, de smaak niet herkennen; dan zullen de oren, hoewel ze naar de muziek van bellen en trommels luisteren, het geluid niet herkennen; dan zal het oog, hoewel het geborduurde patronen ontmoet, hun vorm niet herkennen; en dan zal het lichaam, hoewel het in warme, lichte kleren gekleed is en op prachtig geweven matten rust, geen welbehagen voelen.*
> *In een dergelijk geval kan een vrouw oog in oog staan met alle prachtigste dingen van de wereld en toch niet in staat zijn enige dankbaarheid te voelen. Zelfs al zou ze een moment lang dankbaarheid*

voelen, dan zou ze haar zorgen en angsten nooit helemaal kunnen afleggen. Vandaar dat ze oog in oog met alle prachtigste dingen van de wereld overweldigd wordt door bezorgdheid, en hoewel ze alle voordelen van de wereld ondervindt, kent ze slechts verlies...
Maar als de geest stil is en rustig, dan zullen zelfs schoonheden die minder dan middelmatig zijn het oog behagen, dan zullen zelfs geluiden die minder dan middelmatig zijn het oor behagen. Een maaltijd van groenten, een soep van groene kruiden zal de mond behagen; gewaden van ruwe stof, schoenen van ruwe hennep zullen het lichaam behaaglijkheid schenken; een krappe kamer met biezen jaloezieën, een tapijt van stro en een tafel en tafelmatje zullen de gestalte gemak bieden. Vandaar dat men misschien niet in staat is van alle prachtigste dingen van de wereld te genieten en toch haar vreugde kan vergroten... Dit is wat het betekent om het zelf te waarderen en te bewerkstelligen dat andere dingen goed uitpakken...

Wanneer je een specifiek voorwerp van je verlangen door aanvaarding en overgave loslaat en je richt op het grotere verlangen naar liefdevol en zorgzaam voor jezelf zijn, zul je gevoed worden door de kracht van intentie van de aarde en door hout getransformeerd worden in de onbegrensde overvloed van de geest. Door het verlangen aan de goddelijke genade van de natuur toe te vertrouwen zal het goddelijke in staat zijn het verlangen te vervullen en je openstellen voor de scheppende kracht van het universum: liefde.

Je hoogste bestemming bereiken

Hartje winter leerde ik eindelijk dat er een onoverwinnelijke zomer in me lag.
— ALBERT CAMUS

Zoals je hebt gezien, heb ik door het hele boek heen geschreven over de opwaartse spiraalsgewijze reis door de drie zijnsniveaus – bron, geest en ziel – die je in staat stellen vreugdevol te leven, je ware aard tot uitdrukking te brengen en je hoogste bestemming te bereiken. In het Chinees worden de drie niveaus *jing, qi* en *shen* genoemd, en in *Het pad van de vruchtbare ziel* worden ze als verankerend, verbindend en aanpassend beschouwd.

- **Verankeren** – Bronenergieën verankeren je in je aangeboren zelf: de gaven, talenten, genen en het gestel waarmee je bent geboren. Door je in je eigen ware aard te verankeren – het goede en het slechte, het lichte en het duistere – ontwikkel je je en groei je, zolang je flexibel genoeg blijft om in reactie op je veranderende wereld te veranderen.
- **Verbinden** – Wanneer je goed verankerd bent, verbindt de ziel van je hart je met je doelen en dromen. Dankzij deze verbinding kun je leren hoe je het best van je talenten gebruik kunt maken, wat je in je leven kunt toelaten, en hoe je gepassioneerd vanuit je ziel kunt leven. Vanuit deze verbinding ontstaat de mogelijkheid je eigen muziek te maken in plaats van op het deuntje van een ander te dansen en toch in harmonie met de wereld te leven.
- **Aanpassen** – Wanneer je in harmonie bent, kun je authentiek op je omgeving en levensomstandigheden reageren. Interacties worden zuiver, onbelemmerd door egoïstische motieven, en er zijn mogelijkheden te over, zodat denken en doen door verbondenheid bezield raken. Wanneer je je aan je wereld hebt aangepast, word je sereen en onverstoorbaar, omdat je je innerlijke wijsheid hebt aangeboord, die niets met opleiding, intelligentie, volgzaamheid of verwachtingen van de maatschappij te maken heeft. Je weet intuïtief wat je moet doen en voelt je door het universum gesteund – je leeft nu in harmonie met de wetten ervan. Je geest brengt het goddelijke tot uitdrukking, dankzij een verankerde bron en een verbonden ziel.

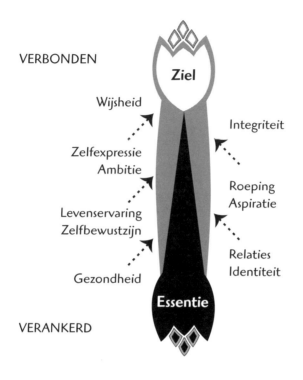

Deze zijnstoestand houdt een onvervalste belofte in – hoop in haar zuiverste vorm. Hoop hebben is niet naar stoffelijke dingen verlangen of naar datgene waarvan je denkt dat het je gelukkig zal maken, zoals magerder zijn of een bepaalde partner hebben. Hopen is openstaan voor onverschillig welke prachtige gaven het leven je brengt, erop vertrouwend dat het zich volmaakt zal ontvouwen. Zelfs als je iets ervaart wat als een 'terugslag' aanvoelt – een miskraam, werkloosheid, geen beurs of lening krijgen om te studeren of een bedrijf op te zetten – hoeft niets wat in het verleden is gebeurd je toekomst te beïnvloeden, als je je vaardigheid om naar die open zijnstoestand met zijn vele mogelijkheden terug te keren kunt blijven verbeteren.

Wanneer je verticaal leeft, ondersteunen de energieën van het horizontale vlak je verticale ontwikkeling. De verticale energieën sporen je aan je hoogste potentieel te verwezenlijken in plaats van je veelbelovendheid te verspillen door materiële doelen na te jagen. Op het toppunt van je bestaan leef je met 'het licht omgedraaid', een taoistische uitdrukking voor je energie naar binnen richten en je ware zelf het leven schenken.

Om je pogingen om verticaal te leven te ondersteunen dien je regelmatig de volgende meditatie te beoefenen, die van de zintuigen van het gehoor en het gezicht gebruikmaakt om het spirituele licht naar binnen te doen schijnen.

 Meditatie om het licht om te draaien

Begin met gemakkelijk te gaan zitten en een paar keer lang en diep adem te halen. Ga met je aandacht naar het punt achter het midden van je ogen. Voel een verbinding tussen dat punt en het midden van je hoofd waar de energieën van je oren samenkomen. Volgens de taoïstische traditie hoor je als je luistert wanneer er geen geluid is het universum, het geluid van schepping. Luister dus naar de geluidloosheid van je ademhaling en voel de kracht van de innerlijke stilte. Merk op dat je de informatie van je zintuigen zonder interpretatie of oordeel kunt ontvangen; als je merkt dat zulke gedachten toch binnensluipen, erken ze dan en laat ze los en ga weer met je aandacht naar je adem.

Zie met een diepere blik, hoor de diepe stilte, ruik de heldere openheid. Geniet van de smaak van genot zelf. Voel de voorzichtige aanraking van je eigen leven. Laat je zintuigen de diepte van je omgeving naar binnen halen, zoals de bladeren van een boom zich naar de zon keren en eenvoudig de levensnectar aantrekken. Stel je wijder open om meer te ontvangen, zonder enige inspanning.

Verbind je met de hemellichamen, de zon en de sterren, en voel de verbinding tussen deze vuurenergieën en je hart. Open je hart terwijl je meer warmte binnenhaalt, en adem deze vervolgens naar je baarmoeder toe om je met de innerlijke vonk van het goddelijke te verbinden. Stel je baarmoeder in staat de warmte van het hart te ontvangen en zich open te stellen voor de enorme helende kracht ervan. Drink de warmte in en word je bewust van eventuele blokkades die de ontvangst van je liefde belemmeren. Als je barrières ontdekt, aanvaard deze dan. Bedank ze voor hun boodschap. Laat vervolgens dat wat je liefde blokkeert los en breng meer ziel omlaag. Stel je open voor zoveel liefde als je kunt verdragen, waarbij je de overvloed van de ziel in de leegte van je baarmoeder ontvangt en onbegrensde liefde met je goddelijke bron laat vermengen. Je diepste besef van wijsheid en diep weten zetelen in je diepte.

Blijf de warme vuurenergieën van de zon en de sterren omlaag sturen en laat ze samensmelten met de diepte van je eigen bron, tot je voelt dat de kring diep vanbinnen is gesloten. Laat de energieën wervelen, terwijl je visualiseert dat de rode vuurenergieën zich bij de blauwe waterenergieën voegen en één verbonden energie worden, paars in het midden, rood vanboven en blauw onderaan. Deze energie symboliseert je ware doel, de reden waarom je geboren bent. Trek deze energieën naar je kern en ga helemaal naar je midden, de diepte van je wezen in, alsof alle vuurenergieën boven en waterenergieën beneden zich als levenssap in je kern verenigen.

Ga met je aandacht naar je ruggengraat, verder weg van de buitenkant, weg van de takken en bladeren van je externe levenssituatie, en laat ze op de grond vallen en verdwijnen. Richt je aandacht naar binnen, naar je stam, en ga ermee omlaag, naar de diepte van je eigen wortels – vanaf je ruggengraat via je heiligbeen naar je voeten, die verbonden zijn met de grond, waar mineralen opgenomen worden en zich met de stilte in de bevroren grond verenigen, waar het leven geduldig wacht om tot een nieuwe lente te worden aangewakkerd. Terwijl je je eigen energie de aarde in stuurt, laat je jezelf zo stil als de winter worden.

Wanneer je de verbinding met de grond voelt, weet dan dat je wat het ook is dat je nodig hebt van moeder aarde zult ontvangen, en laat het vuur van het zonlicht van de geest de vonk van goddelijk vuur diep vanbinnen helemaal tot in je wortels ontsteken. Visualiseer nu hoe je je naar de nieuwe dageraad van het Oosten keert en dan er vanaf, om in het Westen alles los te laten dat je wilt laten rusten, terwijl je je in een spiraalbeweging verheft en in de zomer van mogelijkheden ontwaakt, waarbij je je vreugdevolste doel bereikt. Je bent een wonder en je draagt de geheimen van de hele schepping in je – van de levenskern die onder de bevroren aarde verborgen ligt tot een ontluikende bloem, tot een exploderende ster.

> *Ik stierf als mineraal en werd een plant.*
> *Ik stierf als plant en verrees als dier.*
> *Ik stierf als dier en ik was een mens.*
> *Waarom zou ik bang zijn? Wanneer was*
> *ik minder door te sterven?*
> — RUMI

Geheim 9

Herwin je kracht door nieuwe patronen te vormen

氣 VITALITEIT

Je moet leren rustig te zijn in grote drukte en levendig te zijn in rust.
— Mahatma Gandhi

Omdat we in een door yang gedomineerde maatschappij leven die meer waarde hecht aan ambitie en meetbaar succes dan aan stilte en introspectie, begunstigen we de geest en de externe projecties ervan in plaats van onze yinenergieën te voeden en van daaruit te leven. Nieuwe patronen vormen kan helpen om het evenwicht te herstellen bij vrouwen die dat hebben verloren.

Zelfs patronen die ons goede diensten bewezen hebben, kunnen onze ondergang betekenen als we ze niet loslaten wanneer we eraan ontgroeid zijn. Zo kan een vrouw een gezond intolerantiepatroon ten opzichte van een onderdrukkende situatie ontwikkelen, en die weerstand zal haar dan in staat stellen een uitweg te vinden (uit een ongelukkig huwelijk, bijvoorbeeld). Als deze ervaring haar de kracht geeft om op haar natuurlijke neigingen te vertrouwen en de steun van het universum te voelen, zal ze nieuw zelfvertrouwen ontwikkelen dat haar in staat stelt spontaan met creatieve oplossingen te experimenteren wanneer zich andere nieuwe uitdagingen voordoen. Als ze onzeker over zichzelf is, heeft ze echter het gevoel dat de wereld vijandig is en dan klampt ze zich aan de weerstand vast die haar vroeger heeft geholpen. Nadat de situatie veranderd is, kan de weerstand echter in frustratie, boosheid, bitterheid of wrok veranderen en beginnen te woekeren, zodat er een giftige innerlijke atmosfeer ontstaat.

Als je hebt geleerd emoties los te laten en aandacht te schenken aan alle energieaspecten in je lichaam, bestaat de volgende stap uit de omvorming van schadelijke vroegere conditionering. Je hebt de gereedschappen om jezelf te veranderen in wat het ook maar is dat je wilt worden. Stressvolle patronen uit het verleden zullen verdwijnen wanneer je jezelf in overeenstemming met de natuur herschept en nieuwe, kracht gevende patronen ontdekt.

Zoals een zaadje door de donkere onderaardse krachten wordt getransformeerd om vreugdevol als spruit tevoorschijn te komen, zo heeft ook jouw transformatie in de diepte plaats. De volgende meditatieoefening zal je in staat stellen bij de Mysterieuze Moeder uit te komen – dat goddelijke vrouwelijke potentieel dat in je heeft liggen wachten – en verborgen moeilijkheden bloot te leggen, waarbij ze getransformeerd en vernieuwd tevoorschijn komen.

De winden van verandering uitnodigen

De Chinese geneeskunde kent het concept van een innerlijke wind die niet alleen verantwoordelijk is voor inwendige schuddende bewegingen zoals trillingen, maar ook het alchemistische transformatieproces in gang zet dat kan worden gezien wanneer iemand in een diepe meditatieve toestand begint te schudden. Deze enorme kracht geeft vanbinnen uit macht, zoals de aarde zichzelf via aardbevingen herstructureert. De innerlijke winden van verandering ontstaan uit het bewustzijn dat er innerlijk dingen moeten veranderen.

Om met je transformatie te beginnen nodig je het zuiverende

proces uit door je innerlijke winden te laten blazen en geen aandacht te schenken aan de externe winden in je omgeving. In plaats van krachten van buitenaf de schuld te geven, laat je je door je innerlijke wind helpen om je eigen macht weer op te eisen. Wanneer je weet dat je zelf in de hand hebt hoe je in welke situatie ook reageert, kun je de volledige verantwoordelijkheid nemen voor alles wat je doet, in plaats van de werkelijkheid te vermijden, te ontkennen of er op schadelijke manieren weerstand aan te bieden, zoals er met behulp van verslavende gedragingen of substanties aan ontsnappen.

In de diepte van je wezen zal water je transformeren, omdat daar de immense geiser van je ware zelf spuit. Lao Zi vertelt ons dat je dan zult 'zijn als water, en naar de plaatsen zult gaan die door mensen worden verafschuwd... diep voorbij kennis... stil genoeg om je langzaam van het leven bewust te worden... en je zult langzaam je voltooiing naderen'.

Om naar je diepte te gaan en de krachtige winden van verandering innerlijk te ontketenen kun je de volgende oefening regelmatig uitvoeren, waarbij je de hele tijd zacht voor jezelf bent en eraan denkt dat er geen verkeerde reacties bestaan. Dit is het volledige innerlijke alchemieproces, waarvan we tot nu toe de onderdelen hebben onderzocht. Creëer een behaaglijke en heilige meditatieplek in je huis; wanneer je wereld heilig wordt, buiten en binnen, zal het goddelijke langskomen om je te helpen je doelen te bereiken. Hoe meer je oefent, hoe beter je je zuiverende innerlijke diepte zult leren kennen.

 ## Reis door het innerlijke universum van het lichaam

Deze oefening kun je het beste in een stoel uitvoeren, met je blote voeten op de grond en je hoofd opgeheven. Adem via je neus in, volg je adem langs je hart, laat je middenrif zakken zodat je buik kan opbollen wanneer je inademt en vanzelf kan inzakken terwijl je uitademt. Hoe dieper je ademt, hoe meer je energieniveau zal dalen.

Ga met je aandacht naar het midden van de onderkant van je voeten, de oorsprong van de bruisende bron. Wortel jezelf in de aarde en voel de warmte vanuit het magma in het midden van de aarde naar boven komen. Volg deze energie naar boven, via je benen, je heiligbeen, ruggengraat, nek en hoofd. Ga dan met je aandacht naar je kruin en haal helende energie uit de zon naar binnen, die je van top tot teen doet smelten. Voel hoe je hoofd in je oren en gezicht en nek overgaat, en hoe je nekspieren overgaan in je schouders. Laat je schouders afhangen. Wanneer je je helemaal ontspannen voelt, begin dan met de volgende oefening.

Stap 1. Oogst je innerlijk potentieel

Ga met je aandacht naar de plek even onder je navel waar je krachtigste energie leeft, in het essentievat, waar de baarmoeder zetelt. Voel hoe je via je vat in- en uitademt, alsof je navel ademhaalt. Vul je buik en bekken met levensqi. Maak vervolgens het kanaal dat horizontaal als een riem langs je heupbeenderen loopt groter en voel hoe het als een schild je lichaam beschermt.

Stap 2. Activeer je qi

De microkosmische ademhaling

Adem via je neus in, waarbij je je tong tegen je gehemelte legt. Trek een gouden lichtkoord door de microkosmische baan: begin bij je perineum, tussen je vaginale en anale opening, en trek de ademenergie naar je navel en borst om contact te maken met het energiepunt tussen je wenkbrauwen, en dan naar je kruin. Laat de uitademing langs je nek, ruggengraat en staartbeen naar beneden gaan, en haal met de volgende inademing lucht binnen. Ga de hele oefening door met deze vorm van ademhalen.

De innerlijke glimlach

Deze glimlach vorm je niet gewoon met je lippen. Dit is een cellulaire glimlach die je organen met waardering verlevendigt. Stuur liefde en aandacht naar elk van je organen, alsof je naar een dierbare kijkt, om ze aan te moedigen optimaal te functioneren en je te helpen innerlijke rust te vinden.

Stap 3. Heel

Als je een blokkade tegenkomt terwijl je dit gedeelte van de oefening doet, sta jezelf dan toe deze te voelen en erdoorheen te gaan. Om de pijn tot een bron van heling te verfijnen verbind je je met en reguleer je door middel van rustig nadenken alle energie-elementen en de bijbehorende orgaansystemen.

De nieren

Adem naar je bron met de intentie je open te stellen om te leren wie je in wezen bent. Voel terwijl je inademt je nieren in je onderrug, onder je onderste ribben. Breng de warmte van je hartvuur omlaag, voorbij je nieren, naar je essentievat, om je met de leven schenkende energieën van de baarmoeder te verbinden.

Voel de diepte van je wezen, je essentie, je aard, de thuishaven van je DNA, de persoon die je voorbestemd bent te zijn. Diep vanbinnen, dieper dan wat je in het leven doet, dieper dan de angst om niet genoeg te zijn, ligt je oorspronkelijke goddelijke geschenk. Je bestaat uit alles wat vóór jou is ontstaan, in een uniek levenspatroon. Je DNA bevat boodschappen die door je voorouders zijn doorgegeven en altijd tot je beschikking staan. Denk na over wat er goed gaat in je leven en over wat je graag meer of minder zou willen zien. Denk na over wat je verborgen hebt en voor jezelf moet blootleggen. Aanvaard dat laatste vriendelijk en meedogend – het leven kan hard zijn en we hebben allemaal wel eens de behoefte om ons terug te trekken. Adem naar je angst, zie deze zoals ze is, zie dat ze geen macht over je heeft, en laat haar vervolgens vanuit de veiligheid en zekerheid van je eigen bron los. Voel de vonk van het goddelijke en luister naar je innerlijke stem, die je altijd waarheden zal vertellen.

De lever

De grote, expansieve lever, die zich rechts onder je ribbenkast bevindt, vertakt zich om het lichaam te zuiveren, te transformeren en van alles te ontdoen wat niet bruikbaar of nuttig is. Ga met je aandacht naar je lever en visualiseer de kleur groen – die ontspruit, groeit, gedijt en genereert. Denk aan een klein eikeltje dat een torenhoge eik wordt en de energie die daarvoor nodig is.

Maak nu contact met je eigen kracht en denk na over de vraag of er innerlijke bevelen zijn die je niet hebt opgevolgd. Zit er vanbinnen pijn vast die als boosheid of een andere emotie voortwoekert? Hebben bepaalde barrières je groei belemmerd? Zijn er situaties waarvan je vindt dat ze stagnatie bij je hebben veroorzaakt? Binden onvervulde verlangens je vanbinnen vast? Denk eraan dat ontkenning van wat je vanbinnen vindt niet tot oplossingen leidt. Spoor eventuele gespannenheid op en herken hoe en waar de frustratie spanning in je lichaam heeft veroorzaakt.

Voel vervolgens dat de opgesloten spanning eruit wil. Adem er snel en oppervlakkig omheen – hyperventilerend – tot ze barst van de aandacht van je eigen qi. Laat de spanning vervolgens naar het oppervlak van je lichaam stijgen, waarbij ze naar boven en naar buiten beweegt, en laat haar doelbewust, krachtig zelfs, los: zwaai met je armen, schreeuw, stampvoet – wat er maar nodig is om de spanning eruit te krijgen. Ga vervolgens met je waardering naar binnen, naar het transformatievermogen van de lever en naar de kracht die ze je verschaft om je doelen te bereiken. Verbind je met je diepste wensbeelden, je intiemste dromen. Zie ze duidelijk voor je. Wanneer je je met de kracht van je fantasie verbindt, ontketen je de kracht van innerlijke transformatie en sta je je dromen toe werkelijkheid te worden. Adem je eigen helende adem naar je lever en voel de druk afnemen terwijl de energie onbelemmerd stroomt. Wees je lever dankbaar voor alles wat ze voor je doet.

De milt
De aarde-energieën van de milt, maag en alvleesklier stellen je in staat op te nemen wat je nodig hebt om jezelf te voeden en de rest via de ingewanden los te laten. De aarde-energieën symboliseren ook het denkproces, dat ondoeltreffend kan zijn wanneer het volgestouwd is met voortdurend denken dat geen actie voortbrengt. Vraag je af of je denkproces helder en onbelemmerd is of dat het door zorgen

wordt verzwakt. Word je helemaal in beslag genomen door wat je niet hebt?

Om je gedachten op orde te krijgen ga je met je aandacht naar je plexus solaris, halverwege tussen je borstbeen en je navel, waar de aarde-energieën zich bevinden. Concentreer je op je midden. Overdenk of je in staat bent dingen toe te laten die goed voor je zijn en je lichaam en ziel voeden en of je in staat bent dingen los te laten die je niet steunen. Adem diep naar het midden van je buik, de zetel van je milt en maag, en concentreer je op de adem. Vul je lege buik met aarde-energieën en laat deze de knopen van zorgen en obsessieve gedachten losmaken. Laat de gedachten los en stel je midden open voor nieuwe, gezonde voeding. Stel je een inwendige lege ruimte voor die met nieuwe opties kan worden gevuld.

Haal een paar keer diep, zuiverend adem en ervaar de openheid en ontvankelijkheid. Laat gedachten komen en vervolgens gaan, zoals wolken die langs een blauwe lucht trekken. In deze toestand trek je als een magneet datgene aan waarop je intentie zich richt.

De longen
Gezonde longenergieën vertegenwoordigen het gezicht dat je de wereld toont. Ze stellen je in staat om banden met anderen aan te gaan en banden die niet meer met je hoogste doel overeenstemmen los te laten. De longen staan voor het gestolde fysieke zelf aan het ene uiteinde van het spectrum, rigide en begrensd, en het vermogen te vervallen, op te lossen en opnieuw geboren te worden aan het andere uiteinde. Hildegard von Bingen zei: 'De ziel is voor het lichaam wat het sap is voor de boom', en de zielenergieën ontvouwen zich zoals de boom zijn vorm ontvouwt. De longen stellen de terugkeer naar het diepste zelf voor, zoals een boom 's winters zijn wortels van sap voorziet.

Ga om de longenergieën te activeren met je aandacht naar het midden van je borst. Voel het vanbinnen trekken terwijl je borst zich op een inademing uitzet. Voel hoe je geademd wordt, in en uit, zonder inspanning van jouw kant, terwijl je het levensaroma inademt. Ga met je aandacht naar de manier waarop je adem binnenkomt, die de samentrekking van verdriet over je oorspronkelijke scheiding van het goddelijke voorstelt. Volg de beweging naar het midden van je borst en voel vervolgens de samentrekking van individuatie terwijl ze de uitstorting van liefde door het hart ontmoet. Dit is de plaats waar je afzonderlijke zelf eindigt en je één wordt met de ziel van het bestaan.

Merk op hoe je ademhaling via jou doorgaat – om er baat bij te vinden hoef je haar alleen maar te ontvangen. Voel de aanvaarding en verwelkom de levensadem. Voel de heldere, tintelende, koele witte energie op elke ademhaling in- en uitstromen. Voel de moed die je ontvangt door elke ademhaling te aanvaarden en je eraan over te geven. Adem steeds volledig uit, zodat je je openstelt om opnieuw te ontvangen. Laat daarbij alles los wat je ervan weerhouden heeft je hoogste welzijn tot uitdrukking te brengen.

Het hart
Het hart, keizerin van lichaam, geest en ziel, laat zuivere, onvoorwaardelijke liefde door je lichaam circuleren en verbindt je ziel met de ziel van het universum. De hartenergieën zijn gepassioneerd en warm, expansief en grenzeloos, en wanneer het hart gezond is, stralen ze vrede, liefde en vreugde uit.

Ga om deze energieën te activeren met je aandacht naar het midden van je borst. Voel de warmte van je hart en onderzoek hoe diep vanbinnen je het kloppen ervan kunt voelen. Breid dit gevoel nu uit en onderzoek hoe ver je de liefde van je hart naar buiten kunt projecteren, de kosmos in. Doe dit zo lang als je kunt. Terwijl je je liefde projecteert, honoreer je jezelf met de kracht van de ziel.

Stap 4. Bevrijd
Door uit de onbelemmerde gezonde energieën in je te putten wordt je lichaam opener, waardoor je in staat bent een kanaal voor schepping te worden.

Om je open te stellen voor het ontvangen van de warmte van je hart en de helende energieën van je lichaam ga je terug naar het centrum van je wezen, het essentievat. Stel je je eerste herinnering aan jezelf als baby voor. Adem diep naar je bron en mediteer op het gezicht van dat kind. Zie in haar ogen het volledige potentieel van wie ze door haar schepping bestemd is te zijn – voordat ze boodschappen kreeg over wie ze *zou moeten* zijn. Dit is je ware zelf. Haar essentie omvat je aangeboren talenten, en haar goddelijke vonk is jouw goddelijke vonk. Je ware zelf is de innerlijke bestuurder van je onbewuste geest.

Ga nu met die talenten en dromen naar je huidige zelf. Integreer de twee delen van jezelf en voel het leven en de liefde. Ontvang. Wees dankbaar. Erken wie je bent. Zoals de rivier de regendruppels aanvaardt en de oceaan de rivieren verwelkomt die erin uitmonden, zo is het jouw aard om te ontvangen, want je bent een scheppingskanaal. Besef dat je een wonder bent en dat je door trouw te blijven aan je ware aard je grootste droom in je leven tot uitdrukking kunt brengen.

Tina, een retraitedeelneemster, beschrijft haar reis door het innerlijk universum als volgt.

Toen begon een van de diepste ervaringen van mijn leven. Het was zó'n intens gebeuren dat het helemaal naar de kern van mijn wezen, helemaal naar mijn levenskracht leek te gaan. Plotseling lag ik naast iedereen in die cirkel en er waren allemaal mensen om me heen, maar desondanks voelde ik de diepe werkelijkheid van hoe alleen ieder van ons is. We komen als afzonderlijke zielen op de wereld en we sterven als afzonderlijke zielen – dit besef was zó krachtig. Ik begreep dat niemand kan zijn wat ik ben of kan ervaren wat ik voel, alleen ik, dat ieder van ons, hoewel we naast elkaar bestaan, een eigen en unieke reis maakt.
De kracht van dat gevoel was overweldigend – alsof er een gordijn tussen mijn normale alledaagse leven en de diepe werkelijkheid van het leven was weggehaald. De waarheid werd blootgelegd. Op dat moment dacht ik dat in dit eenzame leven misschien niet de kost-

baarste geschenken voor me weggelegd zouden zijn. Ik denk dat ik voor het eerst van mijn leven oog in oog met mijn angsten kwam te staan, de angsten die ik zo stevig achter slot en grendel hield. Op dat punt kwamen er zulke hevige tranen dat ik niet meer kon stoppen met huilen. Mijn lichaam schokte van de snikken die diep vanuit mijn maag oprezen.

Maar toen begon er een soort terugtrekking op te treden. Er vormde zich een beeld terwijl ik mijn angsten onder ogen zag. Boven me was er een cirkel, een Bron, en achter me de wereld en alles wat me dierbaar is. Over mijn schouder kon ik de groene wereld zien en voelen, mijn allerliefste engelachtige man, de dromen die ik voor mijn leven had. Verbazingwekkend genoeg was ik, hoewel mijn hoop en mijn geliefde zich achter me bevonden, op de cirkel boven me geconcentreerd. Ik bleef maar tegen de cirkel herhalen: 'Breng me dichter bij je, laat me dichter bij je komen, haal me naar je toe.'

De hevigheid van mijn smeekbeden begon de hevigheid van mijn snikken te evenaren en leek vanuit dezelfde plaats te komen, diep op de bodem van mijn maag. Maar toen raakte ik overweldigd door het besef dat ik ondanks al mijn hunkering niets of niemand nodig had – zelfs mijn man niet, die ik zó'n schat vind. Ik besefte geleidelijk – het was alsof ik een soort geschenk overhandigd kreeg – dat de enige ware bron van vrede, troost en vreugde de Bron boven me was. Al het andere was afleiding, zelfs illusie. Het was alsof ik naar een universeel midden toe bewoog en alle aardse dingen achter me liet. Alleen mijn verlangen om dichter naar de bron toe te gaan bleef over.

Terwijl ik bleef smeken om dichterbij te mogen komen, besefte ik dat ik niets anders wilde, alleen maar dat. Alles waarnaar ik had gehunkerd en wat ik had en koesterde leek onbelangrijk. Toen begon ik, diep in de ervaring, te vrezen dat ik misschien in feite wilde sterven, maar ik besefte dat dit niet zo kon zijn, omdat mijn hart vol liefde voor en verlangen naar de Bron boven me was.

Naderhand herinnerde ik me een uitspraak van Mohammed, de profeet van de islam: 'Sterf voordat je sterft.' Ik vroeg me af of ik dát had gevoeld. De ervaring voelde alsof ik een ander domein betrad en verschillende intense emoties doorliep, op de een of andere manier een op de dood lijkende ervaring. Het was een opgeven van alles wat me dierbaar was, dat vergeleken bij de Bron allemaal minder belangrijk leek, bijna illusoir. Via dat inzicht en die ervaring ontdekte ik mijn eenheid, mijn kracht, mijn innerlijke rust. Ik werd de genezer naar wie ik op zoek was.

 ## Mandala's maken

De laatste stap om van de innerlijke reis te genieten is een van mijn favoriete retraiteprojecten: mandala's maken. Zet rustige muziek op, pak een vel papier en teken er een grote cirkel op, die bijna de hoeken raakt. Teken in het midden hiervan vervolgens een kleinere cirkel, die de aarde voorstelt. Verdeel de grote cirkel vervolgens in de vier kwadranten van de andere elementen, zoals op de illustratie hieronder.

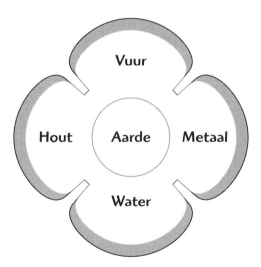

Teken op een kopie van de cirkel hierboven met verf, viltstiften, kleurpotloden of kleurkrijt beelden van wat je tijdens je innerlijke reis hebt gevoeld en gezien, om je te helpen je meditatie in het scheppende aspect van je lichaam en geest te integreren. Hang je mandala daarna aan de muur van je huiskamer of in je heilige ruimte om je aan je groei en verandering te herinneren. Maak elke keer dat je je voelt groeien en veranderen een mandala. Het artistieke proces geeft toegang tot antwoorden die uit je innerlijke diepte komen en kan je de weg wijzen.

> *Schilderen is gewoon een andere manier*
> *om een dagboek bij te houden.*
> — PABLO PICASSO

Geheim 10

Breng je zichtbare handelingen in overeenstemming met je innerlijke blauwdruk

行 **BELICHAMING**

*Als je je verleden wilt kennen, kijk dan
naar je huidige omstandigheden.
Als je je toekomst wilt kennen, kijk dan naar je huidige daden.*
— Boeddhistische uitspraak over karma

Zoals er energie door ons lichaam stroomt, zo stroomt er ook energie door onze hersenen. En zoals lichamelijke energie geblokkeerd kan raken en kan stagneren, zo kan de energie in het brein dat ook. Omdat we onze werkelijkheid uit onze gedachten scheppen, kunnen onevenwichtige hersenenergie en negatieve gedachtepatronen een belemmering vormen voor ons vermogen de werkelijkheid waarvan we dromen te scheppen.

Het brein bepaalt de reacties en acties van het lichaam via positieve gedachten, het placebo-effect (*placebo* betekent letterlijk 'ik zal behagen'), en negatieve gedachten, het nocebo-effect ('ik zal schaden'). Mensen die geloven dat ze van een ziekte zullen genezen, genezen meestal ook, en mensen die denken dat ze gaan sterven, zullen dit ook eerder doen. Vrouwen die geloven dat ze zwak zijn, worden ziekelijk. Mensen die klagen dat ze nooit rust krijgen, krijgen ook nooit rust. Mensen die vrezen dat ze onvruchtbaar zijn, worden het ook meestal. Steeds weer beeldt het lichaam het verhaal uit dat het brein schept. Door negatieve gedachten en opvattingen los te laten die met de lagere gedachtepatronen van angst, boosheid, bezorgdheid en verdriet samenhangen en in plaats daarvan op zoek te gaan naar bewijs van liefde, welzijn, overvloed en vreugde, stellen vrouwen zich open voor het ervaren van onbelemmerde mogelijkheden.

Van de eerste negen geheimen heb je geleerd je lichaamsenergieën in evenwicht te brengen om je hoogste niveau te bereiken en innerlijke rust te vinden. Nu gaan we om volledig welzijn te bereiken die kennis in de werking van je brein integreren.

Aan het begin van mijn loopbaan heb ik veel mensen met depressies en andere geestelijke stoornissen behandeld. Het werk met hen leverde me het inzicht op dat psychologische disharmonie, die zich in het lab als chemische onevenwichtigheden voordoet, niet echt een ziekte is, maar meer uit energetische onevenwichtigheden bestaat die zich als geestelijke ontwrichting openbaren. Deze diepe onevenwichtigheden zijn het gevolg van het negeren van onze ware aard en van verzet tegen de stroom van het universum.

Rachel was apotheker en had dus dagelijks een hele apotheek tot haar beschikking. Terwijl patiënten met hun herhalingsrecepten voor middelen tegen angst en depressiviteit bij haar kwamen, besefte Rachel dat ook zij angstig en depressief was. Ze begon geneesmiddelen te gebruiken die mensen welbevinden in overvloed beloven en raakte uiteindelijk aan Xanax verslaafd. Ook raakte ze haar baan en apothekersvergunning kwijt.

Dit eindpunt was in feite het begin van Rachels werkelijke genezing, omdat ze gedwongen werd haar leven nader te onderzoeken. Toen ze dat deed, besefte ze dat ze apotheker was geworden om haar alcoholistische vader te bewijzen dat ze intelligent en de moeite waard was en niet aan zijn ondeugden ten prooi zou vallen. Maar wat zij als tegengif beschouwde, werd haar gif.

Rachel ging uiteindelijk in therapie. Ze volgde ook de tien geheimen om de emoties achter haar depressie aan te pakken. Toen haar hersenen helderder werden en haar lichaam en geest genazen, ontdekte ze haar innerlijke waarheid en besefte ze dat natuurgenezer worden haar ware levensdoel was – en dat deed ze.

De traditionele Chinese geneeskunde schrijft geen specifiek orgaansysteem aan de hersenen toe. In plaats daarvan worden de hersenen als een verlenging van de nieren beschouwd, een soort informatieverwerker die door de essentie van de nieren wordt gegenereerd; de ruggengraat en de hersenstam worden ook als verlengingen van de nieren gezien. *Gedachten* en het functioneren van de hersenen worden echter aan de vijf energie-elementen toegeschreven, waarvan elk met een bepaald gebied in de hersenen en de functies ervan in verband wordt gebracht. Elk element heeft ook een speciale samenhang met het geheugen en hogere intelligentie. Evenals dat bij het lichaam en de emoties het geval is, verschaft de werking van ons eigen brein een blauwdruk van de werkelijkheid die ons met de elementen in de natuur verbindt. Merk op dat de voorstelling van de hersenen in feite een spiegelbeeld is van het leven erbuiten.

Alle functionele gebieden van de hersenen zijn door een netwerk van corpus-callosumvezels met elkaar verbonden, dat ons in staat stelt meerdere mentale en fysieke taken tegelijkertijd uit te voeren. Vrouwen die hun bewustzijn verhoogd hebben en wijsheid en inzicht gevonden hebben, versterken in feite de werking van de corpus-callosumvezels en hebben tot alle gebieden tegelijkertijd toegang. Onderzoekers hebben ontdekt dat de hersenen van mensen die regelmatig mediteren meer actie in de hoger functionerende voorhoofdskwab vertoont dan in de lager functionerende hersenstructuren. Het bovenste centrum van de voorhoofdskwab licht op bij iemand die een intentie vertoont en bepaalt de rest van de prioriteiten van onze hersenen via datgene waaraan we verkiezen aandacht te schenken.

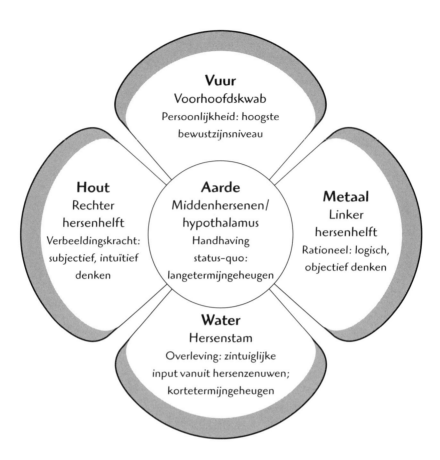

Op latere leeftijd kunnen veranderende hormoonspiegels de hersenwerking veranderen. Er treden veranderingen in het concentratievermogen op en mensen ervaren vaak emotionele ups en downs. Wanneer we vervolgens dichter bij de dood komen, verliezen we wat kortetermijngeheugen. De werking van het langetermijngeheugen blijft in stand, maar onze zintuigen beginnen ons in de steek te laten, alsook bepaalde functies die met overleven verbonden zijn. Hoe moeilijk deze veranderingen ook kunnen zijn, het is zinnig dat onze aardse overlevingsfuncties afnemen wanneer we dichter naar de geest worden getrokken, dat helpt ons om de wereld los te laten. De westerse samenleving probeert als bezeten met behulp van externe middelen de bron van de jeugd te vinden, maar er zijn overal mensen die rustig een lang, vruchtbaar leven leiden, mensen die met steeds meer kracht innerlijke gezondheid en geluk uitstralen tot ze opgewekt hun lichaam verlaten. Achteruitgang is geen verval. Het verouderingsproces is niet iets om je tegen te verzetten. Wanneer de vijf zintuigen minder worden, komt de nadruk minder op de vorm van deze manifestatie te liggen. Wanneer ons gezichtsvermogen begint af te nemen, kunnen we scherper naar binnen kijken. Loslaten van het stoffelijke is een natuurlijk proces om bij de geest te komen.

Zoals het magnetische ijzererts (magnetiet) in de hersenen van trekvogels hen helpt hun route te vinden, zo leiden onze menselijke hersenen ons als een verfijnd kompas door het leven. En zoals de qigongmeesters, yogi's en anderen die hun vermogen om van de natuur gebruik te maken trainen, kunnen ook wij ons navigatievermogen versterken door de energie-elementen van de hersenen weer in evenwicht te brengen.

In plaats van situaties te bestrijden en jezelf in dat patroon gevangen te houden, is het mogelijk de werkelijke oorzaak van problemen te ontdekken en de onevenwichtigheid met behulp van meditatie en reflectie te corrigeren.

 ## De energie van de hersenen weer in evenwicht brengen

De traditionele Chinese geneeskunde benadert mentale stoornissen op dezelfde manier als ze verstoring in de orgaansystemen benadert: spoor de oorsprong van het probleem op, pak de oorspronkelijke onevenwichtigheid aan en laat deze verdwijnen. Neem bijvoorbeeld een situatie die je niet leuk vond maar die je niet kon veranderen. Misschien heb je er weerstand tegen geboden en is de weerstand veranderd in frustratie, die vervolgens boosheid heeft aangewakkerd. Omdat je hebt geleerd boosheid niet te uiten, veroorzaakte de niet geuite boosheid innerlijke spanning, waardoor je het gevoel had vast te zitten, een vorm van depressiviteit.

Je kunt je tot elk energie-element wenden om de hersenen in staat te stellen weer soepel energetisch te gaan functioneren en de ener-

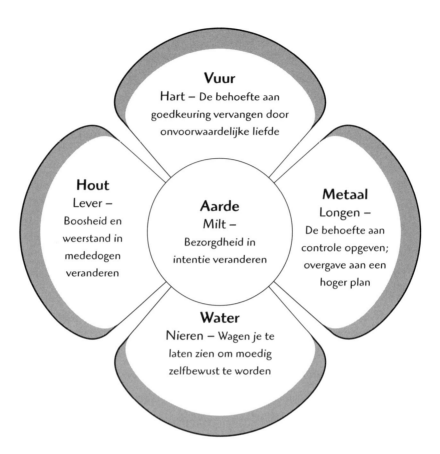

gieën van de linker en de rechter hersenhelft te synchroniseren. Elk element heeft een lagere en een hogere energiewerking. De ene houdt ons vast, de andere bevrijdt ons, zodat we hoger kunnen functioneren. Wanneer we onze aandacht op de hogere functie richten, versterken we de hogere hersenfuncties. Hierdoor raken we in staat onze activiteiten in de buitenwereld op onze innerlijke blauwdruk af te stemmen.

De waterenergieën

Als je voortdurend op overleven bent gericht en het gevoel hebt dat angst en zelfbehoud je leven dirigeren, zijn je waterenergieën uit balans. Zoals water probeert elke spleet te vullen, zo overspoelt angst elk deel van je wezen.

Wanneer ik tijdens de vruchtbaarheidsretraites over angst spreek, vraag ik de vrouwen altijd te doen alsof ze door een groep hongerige tijgers worden omringd. Wanneer ik hun vraag wat ze dan zullen doen, zijn de gebruikelijke antwoorden 'in een boom klimmen' en 'rennen voor mijn leven'. Het beste antwoord is echter 'ophouden met doen alsof'.

Omdat de meeste van onze angsten ongefundeerd zijn, gewoontereacties zijn, is de remedie tegen angst de situatie zo te zien als ze is. Vormt ze echt een bedreiging? Ga rustig zitten, beoordeel de situatie en laat het licht van bewustzijn in je innerlijk schijnen om moed en kracht te vinden. Herinner jezelf eraan dat je goed voor jezelf kunt zorgen en ga naar de onbeperkte, universele liefde in je kern. Door met je aandacht naar het essentievat te gaan en diep adem te halen zul je niet alleen de productie van bijnierhormonen verminderen die je paniek van brandstof voorzien, maar ook toegang krijgen tot je aangeboren wijsheid en beginnen te helen.

Een groot deel van onze angst wordt ingegeven door de zorg dat we iets wat we hebben zullen verliezen (onze gezondheid, onze kinderen, onze zekerheid) of iets wat we wensen niet zullen krijgen (rijkdom, een lang leven, een kind) – verlangen dat onrust voortbrengt. Een andere bron van zorg is de gedachte dat we door de mand zullen vallen – dat we iets verschrikkelijks hebben gedaan wat we onszelf niet eens kunnen toegeven, laat staan dat we er anderen deelgenoot van kunnen maken. Een groot deel van onze angst is echter niet reëel. Wanneer je echt in elk hoekje en gaatje kijkt, kom je misschien tot de ontdekking dat je geheim helemaal niet zo verschrikkelijk is. Tot mijn verbazing ontdekte ik dat veel van mijn eigen geheimen, die zo schandelijk leken toen ik er niet over sprak, triviaal bleken zodra ze onthuld waren. Angst is meestal ontstellender dan datgene waarvoor we bang zijn.

De houtenergieën

Wanneer boosheid en weerstand met je op de loop gaan, heb je geen toegang tot de hogere mentale functie die verbeeldingskracht is, dus dan kun je je acties in de buitenwereld niet met je innerlijke blauwdruk in overeenstemming brengen – wat nodig is om je dromen in je nieuwe werkelijkheid te veranderen. De sleutel om de toegang tot je rechter hersenhelft, waar je verbeeldingskracht zetelt, vrij te maken is boosheid fysiek loslaten en mededogen toelaten door net zolang naar je boze impulsen te handelen tot je opluchting voelt. Je zou op een kussen kunnen stompen. Op de grond stampen. Naar het platteland rijden of in je eentje een stuk gaan lopen. Misschien heb je wel zin om naar een plaats te gaan waar je luidkeels en onbeheerst kunt schreeuwen en huilen, tot je alle boosheid uit je lichaam hebt verdreven.

Kijk nadat de boosheid is verdwenen of je innerlijk mededogen kunt ontdekken, die je opluchting en vergeving zal opleveren. Stem je af op je hogere energie terwijl je naar je lever ademt. Glimlach een cellulaire glimlach. Wees aardig voor jezelf en laat energie door je hele lichaam stromen. Ontsluit vervolgens je rechter hersenhelft en laat deze haar potentieel verwezenlijken. Ontketen je creativiteit en verbeeldingskracht, de innerlijke kunstenaar die we allemaal hebben, zodat je daden overeenstemmen met je hartenwensen.

De aarde-energieën

Zorgelijkheid, bezorgdheid, te veel denken, angst en obsessies gooien onze denkprocessen in de war en weerhouden ons ervan onze intenties in daden om te zetten. Wanneer we zo in de knoop zitten van de zorgen, is het lastig om genoeg vertrouwen te hebben om los te laten. Maar terwijl je oefent met loslaten, met open blijven staan en verwachten dat alles in orde komt, zal de wereld zich herschikken om met je zienswijze in overeenstemming te komen.

Begin door met je aandacht naar het moment te gaan. Wanneer je wandelt, richt je aandacht dan op het gevoel van je voeten die de grond raken. Wanneer je eten klaarmaakt, ga dan met je aandacht naar je handen terwijl je groenten klein snijdt, waarbij je de planten die je straks gaan voeden observeert, ruikt, voelt en waardeert. Wanneer je volledig geconcentreerd bent op wat je doet, concentreer je dan op je zijn: hoe het voelt om in je lichaam te zijn, hoe een briesje op je huid aanvoelt, hoe je energie in je weefsels aanvoelt, hoe je innerlijke weidsheid uitdijt. Door je te verbinden met wat je doet en hoe je je erbij voelt, stimuleer je de rechterkant van je hersenen, waar creativiteit en verbeeldingskracht zetelen, en kun je je intenties in daden omzetten.

Om de druk te verminderen wanneer je je te veel zorgen maakt en je aandacht nog niet op iets anders kunt richten, kun je iets prettigs gaan doen, zoals een lichte, vrolijke roman lezen, naar een grappige lievelingsfilm kijken, of een aangenaam kunstvoorwerp of andere mooie dingen bekijken. Vermijd als het mogelijk is luidruchtige vulmiddelen als televisiereclames, die gemaakt zijn om mensen te manipuleren.

Je kunt ook iets – wat dan ook – creatiefs gaan doen: tuinieren, koken, schilderen, tekenen, breien. Speelse activiteiten zijn heel geschikt om je energie op orde te brengen.

De metaalenergieën

De metaalenergieën worden met de linker hersenhelft in verband gebracht: het ordelijke, logische, rationele besturingscentrum. Hoewel dit deel van de hersenen je in staat stelt je wereld te organiseren en te begrijpen, zul je wanneer je probeert te veel in de hand te houden niet in contact kunnen komen met de creatieve kant van je wezen. Het zal je ook de illusie geven dat je de wereld in de hand kunt houden, waardoor je wanneer je beseft dat je dit niet kunt in verdriet, droefheid en uiteindelijk depressiviteit vast kunt raken.

Pogingen om andere mensen, plaatsen, dingen of situaties onder controle te houden zijn zinloos – maar we kunnen onze houding tegenover die dingen veranderen om controle over onszelf en hoe we ons voelen te krijgen. Hiervoor is nodig dat je de rigide controle van de linker hersenhelft verslapt om je te ontspannen, je te verruimen, je losser te maken, uit te breken, helemaal open te stellen en je wereld op te schudden. Probeer dit door iets geks te doen of iets wat niet bij je past. Bedenk een liedje. Waag je aan een nieuwe vaardigheid of hobby – zelfs als het iets is wat je bang maakt.

De vuurenergieën

Zoals je in eerdere hoofdstukken hebt geleerd, wil je geest zich tot uitdrukking brengen, zodat ze vreugdevol omhoog en naar buiten stroomt, zoals haar aard is. Dit gebeurt wanneer je vuurenergieën niet belemmerd en gehinderd worden door gedachten aan zorgen, boosheid, verdriet en angst. Volgens de neurobiologie kunnen mensen niet tegelijkertijd beschermend en expansief zijn. Wanneer je voortdurend op vechten of vluchten geconcentreerd bent, verminderen grote zorgen over zelfbehoud je ontwikkeling en levenservaring. Als je echter in praktijk brengt wat je in dit boek hebt geleerd, sta je je hartenergieën toe zich spiraalsgewijs omhoog te bewegen en je vruchtbare ziel open te stellen voor haar aangeboren expansieve aard. Wanneer je de oefeningen doet, zul je innerlijke stilte ontdekken, een groot geschenk, waar de fontein van liefde begint te stromen. Besluit deze liefde te vinden en ontsluier de wonderen der schepping.

Verbind je om de vuurenergieën te versterken met de schoonheid van de natuur: een bloem die opengaat, een boom die met zijn takken naar de lucht reikt. Verwelkom de hele schepping en mediteer erop. Geniet van het leven en hoe het zich ontwikkelt, hoe jij je ontwikkelt. Laat de liefde in je eigen hart toenemen, zodat ze het venster in je brein kan openen en in harmonie met de hele schepping kan functioneren.

De werking van de linker en de rechter hersenhelft

De corpus-callosumvezels verbinden je hersenkwabben, zodat je tegelijkertijd toegang hebt tot de functie van je linker en je rechter hersenhelft. Probeer de volgende oefeningen om deze synchronisatie nog soepeler te laten verlopen.

1. Doe regelmatig deze qi-gongoefening: beschrijf het getal acht met je handen, beweeg ze heen en weer in het teken van oneindigheid, waarbij je ze in het midden kruist.
2. Dans met passen waarbij je het ene been over het andere kruist, je rechterbeen naar de linkerkant, je linkerbeen naar de rechterkant.

3. Draag je horloge aan de pols waaraan je haar anders niet draagt.
4. Schrijf dagelijks in een dagboek om je diepste zelf tot uitdrukking te brengen. Probeer de hand te gebruiken waarmee je anders niet schrijft en laat toe dat je handschrift rommelig en expressief is. Houd lijstjes bij van dingen die je blij maken: dierbaren, favoriete herinneringen, toekomstige ervaringen waarnaar je met plezier uitkijkt.

Deze soorten oefeningen zijn bevorderlijk voor bewustzijnsverruiming. Een dergelijke verruiming wordt niet door intelligentie of opleiding begrensd, maar komt voort uit intentie, aandacht en oefening. Om oude patronen door nieuwe te vervangen is het belangrijk om de nieuwe manieren van zijn en denken waarvoor je hebt gekozen te versterken door dagelijks te oefenen.

Lichaamsbeweging helpt ook om de hersenenergie weer in evenwicht te brengen en je stemming te verbeteren. Onderzoek heeft aangetoond dat dagelijks lopen en zwemmen het niveau kunnen verhogen van de chemische stoffen in de hersenen die verantwoordelijk zijn voor welbevinden, zoals serotonine, norepinefrine en endorfinen. Wat ook helpt, is met vrienden en hulpverleners praten – laat het leven je therapie zijn. Probeer ook suiker en geraffineerde koolhydraten uit je dieet te houden. Eet vette vis zoals makreel, heilbot, sardine, zalm en tonijn en ook de overvloedige biologische vruchten en groenten die rijk aan voedingsstoffen zijn.

Laat liefde tot uitdrukking komen

Wanneer je activiteiten in de buitenwereld overeenstemmen met je innerlijke blauwdruk, stroom je mee met het universum en de dingen zoals ze zijn. Je biedt geen weerstand, wat stress veroorzaakt laat je los en je past liever je houding aan dan dat je probeert de wereld aan te passen.

Wanneer je op een hoger niveau functioneert, verdwijnt de reactiviteit van het negatieve lagere niveau. Veel door mij behandelde patiënten hadden ademhalingsallergieën, waren overgevoelig voor bepaalde voedingsmiddelen en vertoonden negatieve reacties op hun omgeving. Deze klachten verdwenen toen ze ophielden weerstand te bieden en begonnen te aanvaarden. Mijn eigen schadelijke reactieve processen, waaronder artritis, maagzweren, prikkelbare-darmsyndroom en migraine, verdwenen nadat ik volgens de Weg begon te leven.

Wanneer je het leven op de voorwaarden van het leven aanvaardt, sta je de wetten van het universum toe je te steunen. In plaats van je hele leven uitputtend strijd te leveren, leef je moeiteloos en onbaatzuchtig en stroomt er liefde als een rivier door je hart.

> *Liefde is een kracht in je die je in staat stelt andere dingen te geven. Ze is de motiverende kracht. Ze stelt je in staat een andere persoon sterkte en kracht en vrijheid en rust te geven. Ze is geen resultaat, ze is oorzaak. Ze is geen voortbrengsel, ze brengt voort. Ze is een kracht, zoals geld of stoom of elektriciteit...*
> — ANNE MORROW LINDBERGH

Zoals elke stromende grote hoeveelheid energie moet liefde een afvoerkanaal hebben, zodat ze niet gaat stagneren en er meer liefde kan worden ontvangen. Veel vrouwen stralen hun liefde uit door als een moeder voor kinderen, organisaties, projecten, individuen en gemeenschappen te zorgen. Moeder Teresa is een voorbeeld van deze hoogste staat van onbaatzuchtig liefhebben.

Maar wanneer het uiten van liefde belemmerd wordt, stagneert de innerlijke vreugde en kan het zijn dat je het gevoel begint te krijgen dat je leven zinloos is. Veel vrouwen die dit gevoel hebben, wenden zich tot plastisch chirurgen, nieuwe romantische relaties, of een groot aantal concrete projecten, maar van dit soort reacties gaat er geen liefde stromen.

Door *Het pad van de vruchtbare ziel* te volgen zul je op een pad van vreugde en verlichting blijven dat taoïstische wijzen zijn gegaan toen de wereld hun gids was. Zoals William Wordsworth zei: 'Kom tevoorschijn in het licht van de dingen; laat de natuur je leermeester zijn.' Vergeet niet dat de natuur, hoewel sommige van haar veranderingen onderweg hevig of verbijsterend kunnen lijken, een plan voor je heeft en je lichaam, geest en ziel zal leiden. Voel dus de angst voor verandering, maar verander toch.

Daphne, een mooie Italiaanse vrouw die ik tijdens een recente vruchtbaarheidsretraite in Ierland heb geholpen, drukte dit magische geheim scherp uit: 'Ik heb veertig jaar geleefd met alle gereedschappen die ik voor het leven op aarde nodig had, maar niemand heeft me ooit de handleiding gegeven waarin staat *hoe* ik deze gereedschappen moet gebruiken. Pas nu weet ik hoe ik moet leven.' Door *Het pad van de vruchtbare ziel* te volgen kwam Daphne in het licht tevoorschijn en ze nam een oud zengezegde ter harte: 'Je kunt het Pad pas betreden wanneer je zelf het Pad wordt.' Daphne vond en werd haar pad, het pad dat er altijd was geweest, dat altijd had gewacht tot ze het ging volgen. Ze opende een peuterspeelzaal om zich met de frisheid van jonge kinderen te omgeven.

De oude wijsheid van de *I Tjing* zegt dat alle dingen veranderingscycli doormaken, daartoe aangezet door de tegenstelling van yin en yang. Wanneer een cyclus stijgt en zijn hoogste punt bereikt, transformeert hij vervolgens en daalt af naar zijn tegenpool. Zo zijn we allemaal op een cirkelreis die een spiraalbeweging naar hogere niveaus van onzelf maakt, en degenen die wijs zijn, gaan zich met meditatie en zelfontwikkeling bezighouden om gevoeliger te worden voor de inherente bewegingen van deze natuurlijke cyclus. Verlichte mensen zien tegenslag niet als een tragedie, maar als een gelegenheid om te leren, een kans voor verandering. Ze zijn altijd dankbaar voor elke situatie en verwelkomen zowel positieve als negatieve ervaringen op dezelfde manier. De wereld is voor hen als een loszittend kledingstuk en ze kunnen onder alle omstandigheden op de juiste manier handelen. En terwijl ze zich van de levenscycli bewust worden, laten ze de last van het lijdende zelf los en voelen zich door het universum opgetild.

Als je terugkijkt op de vele zinvolle gebeurtenissen in je leven, zul je volgens mij zien dat het leven je de hele tijd al aanwijzingen heeft gegeven om je naar je beste bestemming te leiden. Blijf niet stilstaan bij het verleden, probeer de toekomst niet te voorspellen, maar beschouw elk moment als een cruciaal kruispunt waarop je gevoeliger en ontvankelijker kunt worden voor je innerlijke kracht en wijsheid en voor de aanwijzingen en subtiele tekenen die de natuur je stuurt. Vervolgens kun je, met eerbied, nederigheid en dienstbaarheid jegens anderen, hogere zijnsniveaus bereiken en het goddelijke leven leiden.

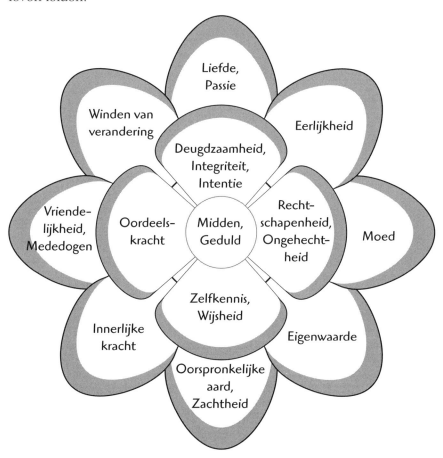

In de illustratie hierboven laat de bloem zien hoe diep bewustzijn en op oplossingen gebaseerde actie ons verheffen. Als bijvoorbeeld in je persoonlijk leven een probleem met je niersysteem zich als hormonale onevenwichtigheid openbaart – gebrek aan libido bijvoorbeeld –

kun je naar je diepste zijnsniveau kijken, je oorspronkelijke aard, en jezelf vriendelijk en meedogend vragen welke innerlijke behoeften niet vervuld worden. Als je last hebt van kortademigheid (waarbij de long- of metaalenergieën betrokken zijn), kun je naar levensterreinen kijken waarop het je aan moed ontbreekt. Als je veel woede in je hebt (waarbij de lever- of houtenergieën betrokken zijn), moet je misschien de oplossingen toepassen die direct op hout van invloed zijn: van je innerlijke kracht en oordeelskracht gebruikmaken om de situatie te veranderen of een meedogende houding aannemen om die te aanvaarden.

Met behulp van dit model kun je alle levensantwoorden krijgen. Zie het midden als de plaats waar alle elementen in evenwicht zijn en waar je heen gaat om op de onthulling van de juiste antwoorden te wachten. Er zijn tijden om actief te zijn en tijden om inactief te zijn, om te wachten in plaats van je haastig te bewegen op een manier die niet bij de situatie past. Wanneer je niet weet wat juist is, dan is het antwoord – altijd – stil worden en je midden om leiding vragen. Plaats jezelf door meditatie op de achtergrond, achter de moeilijkheid, bij het probleem en 'de klauwen van controle' die het naar je uitslaat vandaan, om je waarheid te vinden.

'Feng shui' je leven

De Chinezen kennen een begrip *ling* 靈, dat 'goddelijke gesteldheid' betekent. Het Chinese karakter voor ling bestaat uit regendruppels die uit de hemel vallen, terwijl twee priesteressen een rituele dans uitvoeren om veranderingen in de natuur te bewerkstelligen. Taoïstische wijzen maakten gebruik van rituelen die hun trillingsniveau verhoogden om veranderingen in de wereld te scheppen, iets dat ze alchemie noemden. De rituelen en oefeningen van *Het pad van de vruchtbare ziel* kunnen op vergelijkbare wijze je innerlijke vonk van het goddelijke verbinden met de ziel van het goddelijke buiten je, waardoor je in harmonie komt met de wil van de hemel en de juiste context voor verandering wordt geschapen.

Ik zeg altijd dat je met deze gebruiken of activiteiten je leven 'feng shui-t'. Je bent misschien bekend met *feng shui*, het oude Chinese gebruik om de acht essentiële zones of *bagua*'s van je leefomgeving te maximaliseren. De door mij ontwikkelde oefeningen stemmen met deze principes overeen: ze zijn bedoeld om positieve levensenergie aan te trekken en deze vrij te laten stromen, zodat je prettig en natuurlijk kunt leven.

Zoals er acht essentiële zones in je huis zijn, zo zijn er acht essentiële energetische levensgebieden (zie de figuur hieronder) die een cirkelpad vormen en even belangrijk zijn als de essentiële energiezones van je leefomgeving. De liefdeszone van je huis is even belangrijk als

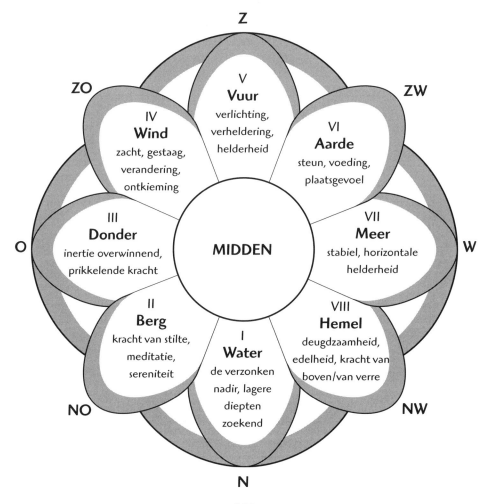

Geheim 10
Breng je zichtbare handelingen in overeenstemming met je innerlijke blauwdruk

de liefdesdaden in je leven, en de geldzone van je huis is even belangrijk als je innerlijke gevoel van nut en waarde. En zoals je van feng shui gebruikmaakt om de opstelling van je meubels en de indeling van je huis zodanig in overeenstemming te brengen dat de energie maximaal kan stromen en uitwerken, zo zullen we er in dit boek van gebruikmaken om je daden op het positiefste resultaat te richten, gebaseerd op je individuele kenmerken.

Wanneer je naar het lege midden gaat – je ware zelf, zonder toevoegingen, zonder weglatingen, met uitzicht op de wereld om je heen – zul je de goedheid ervan zien en hoe de elementen ervan voor je zorgen. Merk op dat je, wanneer je in het midden bent, kijkt naar de richting waar de zon het helderst schijnt (het zuiden), met de energieën van verschijnen (zonsopgang) links van je en de energieën van terugkeren (zonsondergang) rechts van je. Je water- of bronenergieën bevinden zich in het noorden, achter je, en vormen het fundament dat je ondersteunt.

De getallen, die met de klok mee van Water naar Hemel gaan, stellen de trigrammen voor in het achthoekige bagua-levenskompas uit de *I Tjing*. Wanneer het leven niet gemakkelijk verloopt en we problemen met relaties, werk of onszelf hebben, zou het pad er heel anders kunnen uitzien (zie de illustratie op bladzijde 208).

Wanneer je moeilijkheden in een van deze levensgebieden hebt, zoek dan niet naar een snelle oplossing van buitenaf, maar kijk naar de hogere energie voor dat gebied. Wanneer ik bijvoorbeeld problemen heb op een bepaald gebied, ga ik naar de ronde meditatietuin in mijn achtertuin. Ik kijk in de richting van de betrokken bagua, zodat het antwoord ervan kan worden onthuld. Als ik me bijvoorbeeld rigide en gespannen over iets voel, ga ik uitkijkend op het zuidoosten zitten mediteren en richt ik me op de winden van verandering, zodat ik zie wat er in mij en mijn reacties veranderd moet worden. Probeer om deze techniek te gebruiken na te denken over de oorsprong van wat het ook is waarmee je zit. Gaat het meer over angst of ongeduld? Voel je je slachtoffer? Of machteloos? Komen deze gevoelens uit een echte dreiging voort, of zijn het alleen maar zorgen over iets dat onge-

Het pad van de vruchtbare ziel

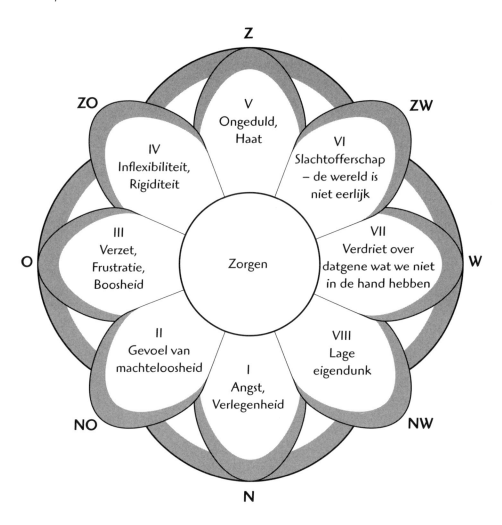

wenst is? Met andere woorden: iets dat niet echt is?
Wanneer je hebt vastgesteld waar in je leven de energie geblokkeerd wordt, kun je achter het antwoord op het probleem komen door van het Pad van Antwoorden hieronder gebruik te maken om je energetische reactie op de situatie te veranderen. Wandel over het pad, denk over het probleem na, en ontdek vervolgens de innerlijke wijsheid die je naar het antwoord op je dilemma voert. Zoals Albert Einstein ooit zei: 'We kunnen problemen niet oplossen door gebruik te maken van dezelfde soort denken waarvan we gebruikgemaakt hebben toen we ze creëerden.'

Geheim 10
Breng je zichtbare handelingen in overeenstemming met je innerlijke blauwdruk

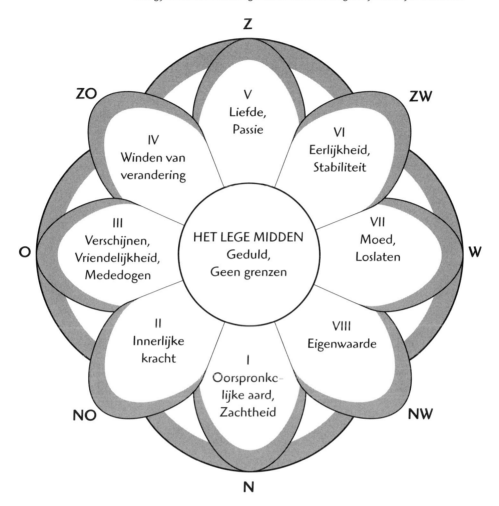

 Het Pad der Antwoorden

Deze methode zou je kunnen beschouwen als de tao om problemen ten aanzien van je levensomstandigheden op te lossen. Ze is niet gewoon maar een troostmiddel om je een beter gevoel te geven, en ook geen aan ervaring ontleende van buiten komende richtlijn. Het Pad der Antwoorden leidt je naar binnen, naar je eigen wijsheid, herinnert je eraan dat je al beschikt over alle antwoorden die je zoekt. Ga op zoek naar het gebied dat het meest lijkt op het levensprobleem dat je hebt en vergelijk het met de oplossing. Dit haalt je uit de lagere samengetrokken toestand naar een toestand waar je energie wordt bevrijd om de innerlijke oplossing te vinden. Dit brengt ons bij het

Chinese concept 无未, *wu wei*, doen zonder te doen. Je hoeft niets te dwingen, reflecteer alleen maar, vind je innerlijke stilte en laat je eigen antwoorden verschijnen.

Angst

Misschien herinner je je nog dat angst en verlegenheid symptomen zijn van geblokkeerde waterenergieën. Wanneer je je door angst verlamd voelt, moet je diep naar binnen gaan, waar je waterelement zetelt, en de aspecten van jezelf zoeken die je bang maken. De diepte wordt het nadir genoemd, het laagste punt, lijnrecht tegenover het zenit aan de hemelbol. In plaats van je van de angst af te keren of te proberen haar te verbergen, zoals de meeste mensen plegen te doen, is het antwoord naar binnen gaan en, met zachtheid, op zoek gaan naar je eeuwige bron van kracht. Deze eeuwige bron zal je voorzien van wat je moet weten en je in staat stellen vanuit je ware aard te leven. (Zie punt I op de drie figuren, beginnend op bladzijde 206, om te zien hoe angst, water en zachtheid met elkaar samenhangen.) Wanneer mijn leven veranderingen doormaakt en ik bang begin te worden voor hoe mijn leven er in het onbekende zal uitzien, ga ik mediteren en onderzoek ik waarvoor ik werkelijk bang ben (vaak is het gewoon angst voor het onbekende), en ik herinner mezelf met zachtheid aan mijn oorspronkelijke aard – dat ik alles heb wat ik nodig heb. Geen enkele verandering hoeft macht over me te hebben.

Machteloosheid

Waar voel je je zwak of angstig? Wanneer je naar de voorschriften van andere mensen leeft en niet naar die van jezelf, is het mogelijk om gevoelens van machteloosheid om te buigen. In je zit wat je nodig hebt om je macht weer op te eisen: een berg van stabiliteit en de kracht van een vulkaan.

Bergen zijn onbeweeglijk, sterk, trots en stil. Wanneer je je op de machtige natuurkrachten afstemt, zul je je ware kracht en de kracht van de berg ontdekken. Om je erop af te stemmen zit je zo stil als een berg. Visualiseer jezelf op een torenhoge bergtop, waar je de wereld objectief bekijkt en inziet dat sommige barrières aanvaard moeten worden (zo kan een zestigjarige vrouw geen biologisch gezin stichten). Wanneer je bereid bent om weer naar je omgeving af te dalen, neem dan de kracht van de berg met je mee. Je bent niet machteloos. (Zie punt II op de drie figuren om te zien hoe machteloosheid, bergen en innerlijke kracht met elkaar samenhangen.)

Frustratie en boosheid

Het luide razen van de donder vertegenwoordigt de kracht die nodig is om de innerlijke weerstand te overwinnen die zich tot frustratie en boosheid ontwikkelt. De donder schokt, teistert en verstoort de verdoving van inactiviteit die vanbinnen kan woekeren en zich tegen je kan keren. Waar moet je in actie komen? Waar heb je de kracht van de donder nodig om dat wat niet werkt op te schudden? Ontdek je kracht en breng deze vervolgens in evenwicht met mededogen, dat, zoals de opgaande zon, uit een plaats waar vriendelijkheid woont afkomstig is en verandering mogelijk maakt. Mededogen en vriendelijkheid zullen je in staat stellen je innerlijke stem te ontdekken, die niet door de daden van anderen onderdrukt kan worden, en datgene te overwinnen wat innerlijk of in je omgeving veranderd moet worden. (Zie punt III op de drie figuren om te zien hoe frustratie, donder en mededogen met elkaar samenhangen.)

Rigiditeit

Op welke levensgebieden voel je je onbuigzaam, waar zou je wat meer soepelheid kunnen gebruiken? In je baan of een stugge relatie? Rigide bomen kunnen door een sterke wind worden omgeblazen, maar flexibele bomen zoals hol bamboe kunnen buigen en met de wind mee bewegen. Omdat we de wind niet kunnen veranderen of doen ophouden, is het essentieel om mee te bewegen met de onvermijdelijke veranderingen die door ons leven waaien. Overweeg waar je flexibel moet zijn en wanneer je de zeilen van je ziel zou moeten hijsen om de kracht van het leven te vangen en je te laten meevoeren. Observeer de kracht van de wind terwijl hij een windmolen doet draaien, een vlieger doet opstijgen, een vogel draagt, een zeilboot duwt, je haar zachtjes door de war maakt, een amarant doet wiegen. Sta jezelf vervolgens toe met je persoonlijke winden van verandering en zuivering mee te bewegen, terwijl je diep en stabiel in de grond verankerd blijft. (Zie punt IV op de drie figuren om te zien hoe rigiditeit, wind en verandering met elkaar samenhangen.)

Ongeduld en haat

Weerhoudt ongeduld, gebrek aan vreugde, of haat je ervan in de wereld te glanzen? Is er een persoon, instantie of politieke situatie voor wie of wat je onverdraagzaamheid, ergernis of haat voelt? Als dit zo is, dan is vergeving de sleutel, want zij verbrandt deze lagere, stagnerende energieën, zodat het licht van je ziel en innerlijke goddelijkheid kan stralen. Vuur en de schitterende krachten ervan verbranden haat en laten warmte en vreugde naar boven en naar buiten verspreiden, zodat je hoogste aard glanst van liefde. Vuur en passie kunnen echter onbeheersbaar gaan branden, dus het is belangrijk om ze met zelfbeheersing te temmen en naar de juiste strijdperken te leiden. Koester je in de warmte van je liefde en gebruik deze om de ziel van anderen te ontsteken, maar stuur je passie niet onbeteugeld de wereld in. (Zie punt V op de drie figuren om te zien hoe haat, vuur en liefde met elkaar samenhangen.)

Je slachtoffer voelen

Wanneer je het gevoel hebt dat je het slachtoffer van je omstandigheden bent en het leven niet eerlijk is, heb je een goede dosis moeder aarde nodig. Stel je open om de voeding en de steun van de aarde te ontvangen en sta jezelf toe in haar rijke bodem te groeien, gevoed door haar meren en rivieren, machtig en kalm. Wees eerlijk als moeder aarde, die geen lievelingetjes heeft en niet het meeste geeft aan wie dit het meest verdient. Geef omdat dit je aard is en vraag er niets voor terug. Wees geduldig, vriendelijk en eerlijk, en aanvaard jezelf zoals je bent. (Zie punt VI op de drie figuren om te zien hoe slachtofferschap, aarde en eerlijkheid met elkaar samenhangen.)

Verdriet

Het leven kan niet onder controle worden gehouden en dit kan smart en verdriet veroorzaken wanneer er iets gebeurt wat we niet willen. Een van mijn patiënten was achttien jaar nadat haar moeder was gestorven nog steeds diep in de rouw. Vele malen per dag dacht ze aan haar en huilde ze om haar, zodat ze niet ten volle kon leven. De oplossing is de wanorde en onregelmatigheden van het leven te erkennen en te aanvaarden, je eraan over te geven en moedig en doelbewust verder te gaan. Dan zal er kalmte neerdalen, zoals bij een meer waarvan de modder op de bodem bezinkt, en helderheid zichtbaar worden.

Meren wemelen van leven en overvloed, net zoals mensen, maar beide omvatten ook chaos, verval en dood. Het meer symboliseert de paradox van leven en dood en laat ons zien dat overgave aan wat het weer ook brengt, windstilte of storm, de manier is om vrede te vinden. Golven komen en gaan, of we dat leuk vinden of niet, en we kunnen ons er niet tegen verzetten, ze kunnen alleen maar losgelaten worden.

Zoals een meer 's winters bevriest en 's zomers ontdooit, zo verandert ook het leven. Zelfs als je leven gestructureerd en onder controle lijkt, getuigt het van kracht om te onderkennen dat het voortdurend in beweging is en dat de diepte onder de kalme oppervlakte altijd kolkt. Aanvaard de beweging van het leven moedig en zie in dat het tot goedheid, vreugde en harmonie leidt, wanneer je je overgeeft aan de heilige geometrie ervan. (Zie punt VII op de drie figuren om te zien hoe verdriet, meren en moed met elkaar samenhangen.)

Lage eigendunk

Moeilijke situaties kunnen de aanzet geven tot een laag gevoel van eigenwaarde. Velen van ons hebben zich waardeloos gevoeld vanwege iets wat we hebben gedaan of omdat andere mensen ons hebben verteld dat we waardeloos zijn, maar ware eigenwaarde komt niet voort uit wat je doet, aan wie je je aanpast, of hoe je eruitziet. Eigenwaarde komt voort uit wie je bent – en je bent het pronkstuk van het universum. Je bent een kus van het melkwegstelsel, een nevel in de vorm van een dubbele helix, een manifestatie van de hemel die de kracht van de schepping omvat. Wanneer je je waardeloos en gedeprimeerd voelt, herinner je dan dat je deel uitmaakt van de kosmos en dat je de edelheid van de sterren omvat. Je bent de moeite waard, gewoon omdat je bestaat. (Zie punt VIII op de drie figuren om te zien hoe lage eigenwaarde, de hemel en eigenwaarde met elkaar samenhangen.)

Misschien wil je deze figuren wel kopiëren en aan de muur hangen of in je handtas overal mee naartoe nemen. Als je het antwoord op je probleem niet op een van de hier beschreven acht manieren kunt vinden, ga dan naar het lege midden in de figuur op bladzijde 206 en mediteer geduldig tot de oplossing zich aan je onthult. Als je bijvoorbeeld je zelfbeheersing kwijt bent maar je antwoord niet in de wijsheid van het meer kunt vinden, keer dan naar je midden terug en kijk naar de andere zeven oplossingen. Misschien heb je de innerlijke kracht van de berg meer nodig dan de helderheid van het meer. Misschien heb je de verlichting van liefde nodig of de steun van de aarde. Kijk welke oplossing past door je af te vragen welke eigenschappen je kunt vergroten om jezelf innerlijke kracht en vrede te schenken. Wanneer je naar je innerlijke stilte terugkeert en op een objectieve manier naar de wereld kijkt, zal de natuur je voorzien van alles wat je nodig hebt.

> *Ik hoop dat de zon je overdag nieuwe energie brengt,*
> *Ik hoop dat de maan je 's nachts zacht herstelt,*
> *Ik hoop dat de regen je zorgen wegspoelt,*
> *Ik hoop dat de bries nieuwe kracht in je wezen blaast,*
> *Ik hoop dat je bedaard door de wereld loopt en alle*
> *dagen van je leven de schoonheid ervan beseft.*
> — A*pache-zegening*

Hoofdstuk 3

In evenwicht blijven: gemakkelijke alledaagse methoden om creatief op je best te blijven

继 VOORTGAAN

免 VRIJ ZIJN VAN ZIEKTE

Naar de oorsprong terugkeren wordt kalmte genoemd,
Kalmte is terugkeren naar het onvermijdelijke
zich ontvouwen van dingen,
Terugkeren naar het onvermijdelijke zich ontvouwen
van dingen wordt constantheid genoemd,
En constantheid begrijpen is verlichting.
— Tao Te Tjing

Wanneer je aanvaardt wat er is, stel je je open voor het universum. Wanneer je aanvaardt wat er is, houd je op met de strijd om je wil op te leggen. In plaats hiervan geef je je over – maar overgave betekent niet dat je ophoudt met proberen. Je blijft proberen, en soms falen, maar je probeert zonder tegen de stroom in te zwemmen. Je handelt en beweegt je voorwaarts en doet het volgende juiste ding, maar je doet het als deel van het stromen van de onmetelijke levensstroom. Je streeft geen resultaten na, en, zoals de *Bhagavad Gita*, het boek der wijsheid, zegt, je doet je plicht zonder je eraan vast te klampen en bereikt je ultieme waarheid zonder angstige zorgen. Zo staat elke scheppende onderneming voor je open: een kind krijgen, een bedrijf opzetten, of een favoriete artistieke, lichamelijke of geestelijke vaardigheid verdiepen.

 ## Geluk en heling

Ik hoop dat de ideeën en oefeningen uit dit boek je helpen je weer met je ware aard te verbinden en in harmonie met het universum te leven. Wanneer je je eigen bron van heling ontdekt, kun je ook de mensen van wie je houdt helpen zich weer met hún bron van heling te verbinden.

Ik heb duizenden vrouwen en mannen behandeld, van wie velen de diagnose 'ongeneeslijk ziek' te horen hadden gekregen, maar toen ze zich met hun innerlijke genezer verbonden, transformeerden ze – naar lichaam, geest en ziel. Ze gaven zich over en raakten in balans, waardoor ze een opening voor nieuw leven schiepen. En dat nieuwe leven kwam ook – niet vanuit wanhoop, maar omdat ze zich hun aangeboren welbevinden herinnerden en het naar binnen lieten stromen.

Hetzelfde proces geldt voor alle ware genezing. Wanneer je uitstijgt boven het niveau waarop de specifieke disharmonie bestaat, en de trilling van je lichaam, geest en ziel hoog houdt, kan de ziekte zich niet langer openbaren. Wanneer de elementen in harmonie zijn, stel je je open en laat je de scheppende levenskracht stralen. De elementen in de figuur vertonen zich niet in een volmaakte rechte lijn, omdat ze voortdurend in beweging zijn. Dit is een steeds veranderend, dynamisch proces, door de beweging zelf ben je in staat je spiraalsgewijs omhoog te bewegen. Je bereikt nooit de plaats waar hout volledig op één lijn ligt tussen vuur en aarde, omdat juist de beweging van de hemelse geest van hout ons omhoog drijft. Metaal – de lichamelijke

Hoofdstuk 3
In evenwicht blijven: gemakkelijke alledaagse methoden om creatief op je best te blijven

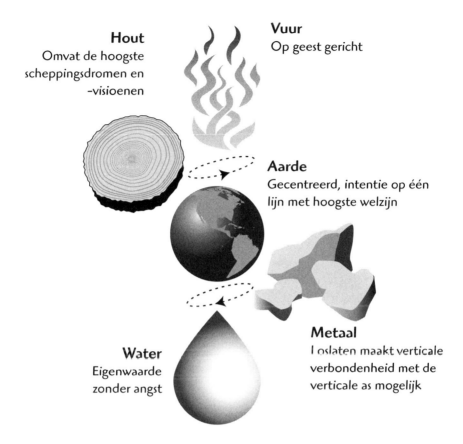

Hout — Omvat de hoogste scheppingsdromen en -visioenen

Vuur — Op geest gericht

Aarde — Gecentreerd, intentie op één lijn met hoogste welzijn

Metaal — Loslaten maakt verticale verbondenheid met de verticale as mogelijk

Water — Eigenwaarde zonder angst

ziel – is een constant, voortdurend loslatingsproces. En dit loslatingsproces brengt ons weer op één lijn met de intentie van aarde en de zelfkennis van water. Het is een constant streefproces, maar het gaat niet om doen. De beweging van metaal tussen de aslijn van aarde draait om ons op één lijn tussen aarde en water te brengen. De beweging van hout draait om de as van de aarde naar vuur toe, en houdt ons zo in een voortdurende toestand van dynamische beweging.

In alle voorgaande hoofdstukken werd beschreven hoe je dat hogere niveau kunt bereiken: door vanuit je ziel te leven in plaats vanuit angst, door evenwicht te vinden, door te luisteren naar wat je lichaam, geest en ziel je leren, door emotioneel vrij te zijn, door verticaal te leven in plaats van op het vlak van 'doen'. Wanneer je regelmatig stil mag staan van jezelf, diep adem mag halen en op zoek mag gaan naar je innerlijke vreugde, zul je steeds meer met je bron verbonden raken en onevenwichtigheden gemakkelijk vaststellen en corrigeren. Je weet nu dat je niet het product van een negatieve geschiedenis hoeft te worden. Je begrijpt hoe je je leven zó kunt leiden dat je activiteiten je ondersteunen in plaats van je uitputten. Wanneer je de regels volgt, zijn er geen grenzen aan wat je kunt bereiken.

Je scheppende ziel voeden

Voordat dit hoofdstuk eindigt, worden er nog enkele tips gegeven om je te helpen een vreugdevolle verbinding met de bron van alle scheppende inspiratie in stand te houden. Hieronder staan enkele alledaagse geheugensteuntjes.

- *Gun jezelf tijd.* De drukst bezette, succesvolste en gelukkigste mensen die ik ken maken er een prioriteit van om elke dag tijd voor zichzelf te nemen. Ik mediteer elke dag een halfuur en raad je aan dat ook te doen. Wacht niet tot al het andere af is voordat je tijd probeert te vinden om te mediteren. Neem eerst tijd voor jezelf. Ik beloof je dat je er enorm veel baat bij zult vinden.

- *Schenk aandacht aan je binnenwereld.* Verbind je met je ademhaling – terwijl je kookt of naar een bestuursvergadering of naar je werk rijdt, altijd, overal – tot het iets wordt dat je de hele tijd doet. Wanneer je merkt dat je iets anders dan blijdschap voelt, adem dan en richt je op iets wat je blij maakt om je te helpen weer in harmonie te geraken.

- *Herken en houd van het goddelijke in je.* Om boven je horizontale energieën te blijven uitstijgen dien je voor je geest te zorgen, zodat deze je op je hoogste niveau kan steunen en je in staat kan stellen de wereld met kracht, gratie en liefde tegemoet te treden. Vraag je bij elke gedachte die je hebt, elke actie die je onderneemt, of elke moeilijkheid waarvoor je wordt gesteld af: voedt dit mijn ziel of mijn ego?

Als je merkt dat je in ongezonde gewoonten terugglijdt, zoals zo gemakkelijk gebeurt, kun je behalve van bovenstaande tips ook van de volgende drie eenvoudige 'lichaamsscans' gebruikmaken om je te helpen je innerlijke kracht te vergroten. Eer bij elk ervan je diepste zelf door toe te staan dat alles wat bovenkomt oké is. Het helpt niet om teleurgesteld te zijn over jezelf wanneer je je niet de hele tijd gelukkig voelt. Herinner je dat je emoties natuurlijke reacties zijn die informatie van onschatbare waarde verschaffen om je te helpen je energieën aan te passen en je evenwicht te herwinnen.

> *Als mensen voortdurend zuiver en stil kunnen zijn, dan zullen hemel en aarde naar hun plaats terugkeren.*
> — Lao Zi

Lichaamsscans voor 's ochtends, 's middags en 's avonds

Lichaamsscans zijn nuttige hulpmiddelen om je te helpen afleidingen op te sporen die je verbinding met de bron van scheppende kracht zouden kunnen vertroebelen. Probeer deze drie eenvoudige zelfbeoordelingsmethoden elke dag toe te passen. Ze zullen je helpen te begrijpen wat je lichaam je vertelt en wat je moet doen om tot groter welbevinden te komen en jezelf volledig tot uitdrukking te brengen. Door deze oefeningen elke dag te doen zul je je innerlijke kracht versterken en jezelf van een energievoorraad voorzien waaruit je altijd kunt putten. Wanneer je op deze manier leeft, benader je alle activiteiten met dezelfde opgewekte aandacht en zal elke interactie met anderen en met je eigen scheppingen een kans voor groei en uitwisseling worden. Wanneer je zo met het leven mee stroomt, zul je altijd geïnspireerd zijn om op het juiste tijdstip het juiste te doen, en of dit inderdaad het juiste voor je is, weet je door *het gevoel dat je erbij hebt – jij alleen*. Zodra je rekening gaat houden met de meningen van andere mensen zul je niet in staat zijn precies te begrijpen hoe je je ertoe verhoudt.

Lichaamsscan voor 's morgens

Begin de dag met rustig te gaan zitten of liggen en contact te maken met je aangeboren levensblijheid. Denk even met waardering aan eenvoudige genoegens, zoals een warm, comfortabel huis of een geliefd huisdier. Beleef aangename herinneringen opnieuw en denk aan dingen waarop je je verheugt. Stem je vervolgens op je lichaam af en stel jezelf de vraag wat het je vandaag vertelt. Ervaar je enig lichamelijk ongemak? Luister naar de boodschap ervan. Overweeg dan wat je nu moet doen om je lichaam de aandacht te schenken waarom het vraagt. Neem die boodschap met je mee en laat je door je innerlijke stem leiden om het ongemak los te laten en de hele dag door de boodschap ervan te verwerken. Tot welke actie voel je je geïnspireerd?

Mentale scan voor 's middags

Begin met bewust te lunchen. Voed je lichaam en geest met wat je echt nodig hebt, niet alleen maar met wat je smaakpapillen wensen. Als je je te goed doet aan een kleine decadente lekkernij, geniet er dan van en weet dat ze dat deel van je voedt dat genot verdient. Ga na het eten met je aandacht naar binnen, al is het maar even. Ontdek welke emoties er vandaag in je overheersen en denk na over wat ze je vertellen. Als je negatieve emoties hebt die je niet op de juiste manier hebt geuit, besluit dan wat je gaat doen om deze reactie in overeenstemming met je innerlijke zelf te brengen. Erover praten met iemand die je vertrouwt? Erover in je dagboek schrijven? Loslaten en je op iets lonends richten?

Zielsscan voor 's avonds

Denk 's avonds terug aan de dag. Denk aan de manieren waarop je overdag je hoogste zelf tot uitdrukking hebt gebracht. Denk na over de handelingen die je doelgericht hebt uitgevoerd. Denk erover na of je hart zijn ware verlangens tot uitdrukking heeft gebracht of niet, en of je geest die nacht dus rust zal vinden. Denk erover na hoezeer je hebt liefgehad, zowel jezelf als anderen. Als je de door jou gewenste doelstelling niet hebt gehaald, besef dan dat er morgen weer een dag is om een beetje meer lief te hebben. En wees meedogend en zacht voor jezelf. Kom tot rust terwijl je je op het lied van je hart afstemt en laat het je altijd aanwezige slaapliedje worden.

Creatieve oefeningen

Als de dagelijkse scans je vertellen dat bepaalde energieën uit evenwicht zijn, lees dan de vragenlijsten uit hoofdstuk 2 nog eens. Beantwoord de vragen nogmaals en stel vast welke energieën geblokkeerd worden. Lees vervolgens de informatie opnieuw en doe de oefeningen uit het bijbehorende hoofdstuk. Als je emoties incidenteel, zwak of onbeheersbaar lijken, ga dan aan de hand van de bij geheim 7 gegeven informatie na welke energie in evenwicht moet worden gebracht. Concentreer je op je huidige creatieve onderneming – wat je ook maar plezier geeft. Houd een droomdagboek bij en word je bewust van thema's die in je dromen opduiken. Creëer elke dag iets, niet om meer spullen te krijgen, maar om jezelf ten volle tot uitdrukking te brengen. Creëer een nieuwe dans, een nieuw menu, een nieuwe manier om naar je leven en de mensen erin te kijken.

Rek het moment uit

Probeer elk moment van elke dag waarin je verkeert uit te rekken, waardoor je concentratie op wat je doet of niet doet groter wordt. Verdwijn dan naar de achtergrond, weg van wat het ook is dat je aandacht vraagt, en laat het voor zichzelf zorgen terwijl jij voor jezelf zorgt. Voel de energie achter wat je doet en ga vervolgens met deze energie naar alles wat je doet.

Ga regelmatig na of je verticaal leeft – of je gedachten en daden je hoogste welzijn ondersteunen. Als je vindt van niet, doe dan alle bij geheim 9 beschreven oefeningen om nieuwe patronen te vormen en zo gelijkmoedigheid te vinden. Als je je verward voelt, lees dan de acht bij geheim 10 geboden oplossingen door om de antwoorden te ontdekken die de natuur je biedt om je te helpen je innerlijke wijsheid

Het scheppingsproces

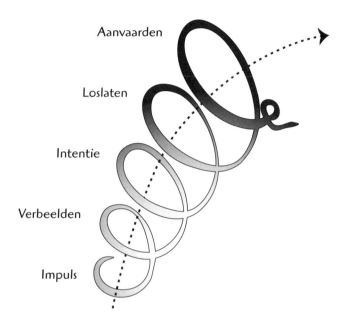

in overeenstemming te brengen met je daden in de buitenwereld.

En je kunt altijd proberen contact te maken met de vonk van creativiteit in je bron. Verwonder je erover en voel hoe ze het gehele leven transformeert. Laat beelden in je opkomen van wat je wilt creëren of worden. Stel vast wat je wilt en laat je verbeeldingskracht door je daden ondersteunen. En laat los, zodat het universum je kan ondersteunen met de overvloed die altijd voor je bestemd was. Blijf in je midden en voel de liefde die er altijd is, wachtend om aanvaard te worden.

 ## Voortgaan op het pad van de vruchtbare ziel

Wanneer je energieën onbelemmerd omhoogspiralen, zullen mensen en omstandigheden die je hoogste welzijn niet ondersteunen vanzelf verdwijnen. Wanneer je boven je vroegere moeilijkheden uitstijgt en inziet dat je ze zelf hebt geschapen en dat je ze kunt loslaten, bevrijd je jezelf. Beetje bij beetje zul je naar evenwicht terugkeren en vrijheid ervaren, zoals Keiko, die me het volgende vertelde.

Nadat ik de tien geheimen had geleerd en ermee had geoefend, begon het eerder intrigerend dan angstaanjagend te lijken om te onderzoeken hoe het leven er zou kunnen uitzien. Er begon een gevoel van vrede op te doemen en het leek mogelijk het leven ten volle en in het huidige moment te leven. Wat er is werd fascinerend. Ik vond vreugde op de vreemdste plaatsen en besefte dat ik daar ook oké kon en zou zijn. Nu houd ik me niet langer in. Ik doe dingen die mijn passie hebben, spontaan en op goed geluk, en ik geniet van elk moment. Ik luister naar en voel waardering voor mijn innerlijke stem en ik probeer terug te geven aan anderen. Ik zie overal mogelijkheden en ik voel dankbaarheid voor het geschenk dat dit perspectief is.

Terwijl je voortgaat op je pad, genietend van de geestverruiming die ontstaat tijdens je eindeloze creatieve ondernemingen, zullen de hulpmiddelen en technieken uit dit boek je tot steun zijn. Aanvaard de scheppende levenskracht die je doorstraalt en sta de Mysterieuze Moeder toe haar magie te vertonen terwijl je steeds hoger vliegt.

De Ziel van het Dal sterft nooit.
Ze wordt het Mysterieuze Vrouwelijke genoemd.
En de toegang tot het Mysterieuze Vrouwelijke is
de basis waaruit Hemel en Aarde ontsprongen.
Ze is altijd in ons aanwezig;
put er naar hartenlust uit, ze droogt nooit op.
— Tao Te Tjing